JN072166

戦国関東覇権史

北条氏康の家臣団

黒田基樹

角川文庫
22762

戦国関東覇権史——北条氏康の家臣団

目次

はじめに

本書は、戦国大名・小田原北条家《おだわらほうじょう》の三代目当主・北条氏康《うじやす》の時代を対象にして、大名家当主を支えた一門衆《いちもんしゅう》・家老衆《かろうしゅう》の構成や役割の変遷の様相について、取り上げるものである。

北条氏康が活躍した時期というのは、ちょうど戦国大名のイメージにふさわしく、数ヵ国の領国を領有する大規模な戦国大名が形成されるとともに、そうした大規模な戦国大名同士の抗争が展開されていく時期にあたっている。氏康についていえば、室町《むろまち》時代以来の関東政治秩序を担ってきていた山内《やまのうち》・扇谷《おうぎがやつ》両上杉《うえすぎ》家を滅ぼして、その領国を併合して、関東西部一帯を領国化すると、つづいて駿河今川義元《するがいまがわよしもと》、甲斐武田信玄《かいたけだしんげん》、越後上杉謙信《えちごうえすぎけんしん》という隣接地域の戦国大名と、同盟と抗争を繰り広げていく。そのためそれらとの戦争は、それまでとは比べものにならないほど、大規模かつ広域にわたって展開されるとともに、それを支える領国支配の仕組みが構築されていくのであった。いわば氏康は、小田原北条家のなかでも、ちょうどそのような戦国大名らしい戦国大名として確立した存在であったのである。

戦国大名家というのは、大名家当主を頂点にした「王国」といって差し支えない。

大名家を構成するのは、大名家の当主一門と、大名家と主従関係を結んだ家臣（「直《じき》臣《しん》」）、一門やそれら直臣の家臣（陪臣《ばいしん》）である。戦国大名は対外戦争を展開するが、その戦争は、それらの家臣らによって担われた。また大名家は、領国を経営しており、そこに居住する領民（村・百姓など）を統治する存在であり、その統治を具体的に実現する執務にあたっていたのもまた、それらの家臣らであった。

戦国大名とは、戦争と統治とを両立させることによって存立する組織であった。大名家当主はその頂点に位置したが、当然のことながら、それらの行為すべてについて直接に対応することはできない。戦国大名の家臣数は、領国の規模に応じて異なるとはいえ、たとえば北条氏康の時代では、直臣はおよそ四百人ほどがいた。それらの家臣である陪臣を含めれば、その数量は数千人、数万人にものぼる。

戦国大名の戦争は、周囲に対し多方面において展開されるから、その軍事行動も多方面にわたって、同時に展開された。したがって当然ながら、当主が全軍を率いる戦争というのは限られたものであり、そうではない軍勢については、当主に代わって軍事指揮を行う存在が必要になる。その役割を務めたのが、一門衆であり、家老衆であった。

また領国統治においても、当主がすべての行政実務を果たすことはできないから、それを実際に担う存在が必要になる。領域ごとの行政を統轄する存在や、裁判などの分野ごとに統轄する存在などが必要であった。それらを担ったのもまた、一門衆や家老衆であった。

いうまでもなく戦国大名の時代は、現代とは異なって、身分制社会である。したがって社会や組織における役割は、身分に対応して担われる。大名家の当主は、その当主の子孫しか担えないという具合である。そして当主の分身として、場合によっては当主の役割を代行するのが、一門衆であった。また家臣のなかで、当主による家臣や領民支配の執行にあたるのが、家老衆であった。したがって一門衆と家老衆は、大名家を成り立たせる執行部にあたる存在であった。

身分制社会であるから、家老は、家臣のなかでもその家格に位置した家が務めた。しかし現実には、家老が戦死したり病死したりした際に、その後継者が幼少であったり、後継者が不在であるという場合も生じる。そうするとその役割を、そのまま幼少の後継者に継承させることはできないから、別の家老に移したり、あるいはそれまで家老ではなかった家臣を新たに家老に取り立てる、ということが行われる。また領国の拡大や戦況の変化によっては、別の地に赴任することもあり、そうするとそれまで果たしていた役割の後任に、別の家老があてられる、ということが生じる。

このようなことにより、同じ役割についても、時期を経ていくなかで、それを果たす家に変遷がみられていくようになる。すなわち人事異動である。大名による戦争と統治において、当主のもとで部分的に統轄にあたっていたのが一門衆と家老衆であったが、それらが担った役割は、固定しつづけることはなく、変遷がみられるのであった。そしてその要因になったのが、突然の戦死・病死であったり、年齢であったりと、偶然に左右される事柄であった。大名家当主は、そのような状況のなか、人事異動を行って組織機能の維持にあたっていたのである。

本書は、そうした戦国大名による執行部人事の有り様について、北条氏康の時代を素材にして述べようとするものである。氏康とその時代を素材にするのは、家臣団の全容がほぼわかるとともに、そこでの一門衆・家老衆の役割も具体的に把握することができるからである。こうした状況は、決してほかの戦国大名にはみることができず、北条家だからこそわかる内容といえる。ほかの戦国大名の場合は、戦国時代の最終期になって、ようやくその状況がわかるものが出てくる、という状況であるといってよい。

そして北条家のなかでも、氏康以前の宗瑞《そうずい》・氏綱《うじつな》の時代については、十分にわかるほど史料は残されておらず、ほかの戦国大名と同じような状態である。また次代の氏《うじ》政《まさ》・氏直《うじなお》の時代については、この氏康の時代において構築された在り方が、基本的には継承されたとみなすことができる。すなわち氏康の時代は、戦国大名家の執行部である一門衆・家老衆の在り方とその変遷の状況を、かなり具体的に知ることができるのである。そして氏康の時代をみることで、次の氏政の時代にみられた変化を、よりよく認識することができることにもなる。

戦国大名は、軍事を中核にした組織であり、そのため家老は、軍事組織の長によって構成されるというのが基本であった。それが氏康の時代からは、領国の拡大と行政機能の拡大によって、行政に力点をおいた家老の登場がみられるようになってくるのである。氏康の時代における、それら執行部の人事状況を述べていこうというのが、本書での最大の眼目である。

なお、氏康時代の政治の有り様については、すでに拙著『戦国大名の危機管理』（角川ソフィア文庫）で、また軍事動向については、拙著『関東戦国史』（同前）で詳しく述べている。本書は、その氏康の時代における政治と軍事の動向を、それを直接担った有力者の有り様を取り上げるものである。両書とあわせてお読みいただくことでさらに、その内容が立体的に認識できるものとなると思う。

凡例：本文中の出典史料の略号は、左記の史料を示している。
戦北→『戦国遺文後北条氏編』
北条補遺→「小田原北条氏文書補遺」（『小田原市郷土文化館研究報告』四二・五〇号）

第一章　父氏綱から引き継いだ遺産

氏綱の遺言

天文《てんぶん》十年（一五四一）五月二十一日（日付は旧暦、以下同じ）、戦国大名・小田原北条《お だ わらほうじょう》家の二代目当主であった北条氏綱《うじつな》は、五カ条からなる書き置きを作成している（戦北一八〇）。宛名は記されていないが、内容や書きぶりからみて、嫡子の氏康《うじやす》に与えたものであることは確実と思われる。この時、氏綱はすでに五十五歳（数え年、以下同じ）に達していた。そして氏康は二十七歳になっていた。

なぜ氏綱はこの時に、氏康に書き置きを与えたのか。氏綱はこの年の夏（四月から六月）から、病にかかったことが伝えられている（「異本小田原記」国史叢書所収）。実際、氏綱が花押《かおう》を据えた文書は、この年の二月二十二日に出したものが最後になっている（戦北一七九）。書き置きそのものは写本しか伝えられていないが、署判は「氏綱御判」とあるので、花押を据えたものであったことがわかる。そうするとこの前後に氏綱は病体となり、そのようななかで、跡を継ぐことになる氏康に、書き置きを与えたとみられる。

書き置きの書き出しは、

あなたは、万事について私よりも生まれつき優れているとみられるので、言う必要もないであろうが、古人の金言名句を聞いても失念することもあろうけれども、

　親が言い置いたことは、心に忘れ難いだろうと思って、このようにする、

とある。氏綱は氏康を、生まれつき自分よりも優れているとみていた。しかし古人の教訓は忘れてしまうこともあろうが、親の教訓は心に残るだろうから、あえて言い置くのだという。そして末尾には、

　右の事柄を、きちんと守っていれば、当家は繁栄するに違いない、

と述べている。ここで氏綱が示した五ヵ条の内容は、まさに次代を担う氏康に、今後の北条家の繁栄のために心しておくべき内容を示したものとみることができる。

　その後における氏綱の動向については、わずかに六月六日付で、北条家において公的文書のひとつである虎《とら》朱印状一通が出されている以外は（戦北一八二）、まったく知ることができない。すでに氏綱は、花押を書くことができない状態になっていた可能性が高い。病気は、祈禱《きとう》や霊薬による治療の甲斐《かい》なく、次第に重さを増していったという。そして七月四日に、ついに快復は見込めないために出家を遂げ、それから半月後の十七日に死去するのである。

　なお氏綱の遺骸《いがい》はすぐに菩提《ぼだい》寺の箱根湯本の早雲寺《そううんじ》に運ばれ、荼毘《だび》にふされた。法名は春松院殿快翁宗活大居士《しゅんしょういんでんかいおうそうかつだいこじ》とおくられた。四十九日に、氏康は小田原中の僧綱《そうごう》（役付きの僧侶《そうりょ》）に法華経《ほけきょう》一千部の頓写《とんしゃ》をさせ、結願《けちがん》の願文は自筆で草案した。導師富楼《ふる》那《な》の弁舌を借りて、氏綱を偲《しの》ぶ演説をした。すると、一門・家臣だけでなく、聴聞の

小田原北条家略系図

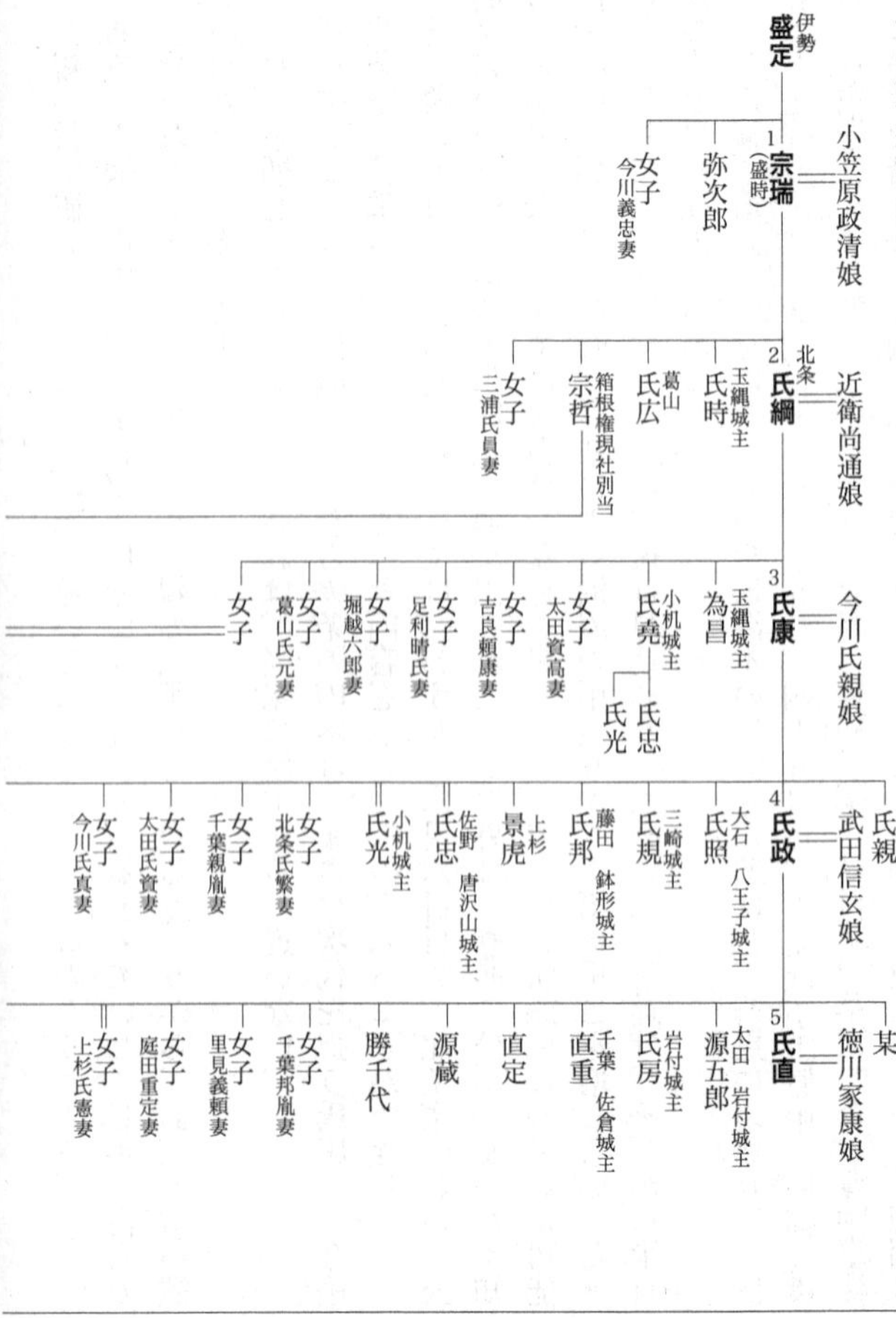

伊勢 盛定
1 宗瑞（盛時）
小笠原政清娘
弥次郎
女子 今川義忠妻
2 北条 氏綱
近衛尚通娘
氏時 玉縄城主
氏広 葛山
宗哲 箱根権現社別当
女子 三浦氏員妻
3 氏康
今川氏親娘
為昌 玉縄城主
氏尭 小机城主
氏忠
氏光
女子 太田資高妻
女子 吉良頼康妻
女子 足利晴氏妻
女子 堀越六郎妻
女子 葛山氏元妻
女子
氏親
4 氏政
武田信玄娘
氏照 大石 八王子城主
氏規 三崎城主
氏邦 藤田 鉢形城主
景虎 上杉
氏忠 佐野 唐沢山城主
氏光 小机城主
女子 北条氏繁妻
女子 千葉親胤妻
女子 太田氏資妻
女子 今川氏真妻
某
5 氏直
徳川家康娘
源五郎 太田 岩付城主
氏房 岩付城主
直重 千葉 佐倉城主
直定
源蔵
勝千代
女子 千葉邦胤妻
女子 里見義頼妻
女子 庭田重定妻
女子 上杉氏憲妻

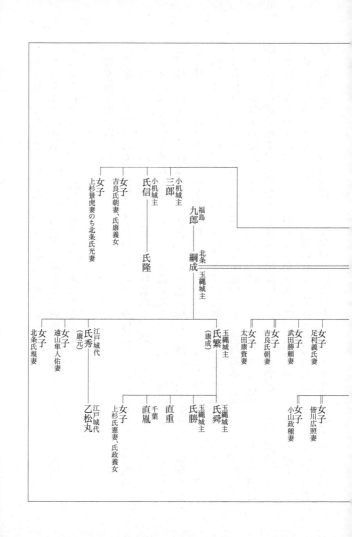

三郎 小机城主

氏信 小机城主 ― 氏隆

女子 吉良氏朝妻、氏康養女

女子 上杉景虎妻のち北条氏光妻

福島 九郎 ― 北条 綱成 玉縄城主

氏繁 玉縄城主 （康成）

氏舜 玉縄城主

氏勝 玉縄城主

直重

千葉 直胤

女子 上杉氏憲妻、氏政養女

氏秀 江戸城代 （康元） ― 乙松丸 江戸城代

女子 遠山隼人佑妻

女子 北条氏規妻

女子 足利義氏妻

女子 武田勝頼妻

女子 吉良氏朝妻

女子 太田康資妻

女子 皆川広照妻

女子 小山政種妻

ために参集した民衆も涙したという（「異本小田原記」）。

そのような状況からみると、この書き置きは、病体となった氏綱が、死期を悟って、北条家の新たな当主となる氏康に与えた、遺言書とみることができる。

書き置きの内容

氏綱の書き置きは五ヵ条にすぎないとはいえ、全体としてはかなりの長文である。そのためここでその内容を詳しくみることは省略し、要点をみるにとどめたい。

一条目は、義理を重んじること。たとえ義を違《たが》えて一国、二国を経略できたとしても、後代に恥辱《ちじょく》をうけることになり、逆に天運が尽きて滅亡したとしても、義理を違えなければ、末世で後ろ指を指されるような恥辱をうけることはない、という。さらに義を守っての滅亡と、義を捨てての栄花は、天地ほどの違いである、といっている。

二条目は、家臣から百姓にいたるまで気遣いをし、適材適所で用いること、役に立つかどうかは大将の心次第であること。上代にも賢人というのは稀《まれ》で、ましてや末世にはほとんど望めず、大将でも十分な人物はいないので、見間違い、聞き間違いはどれだけあるだろうか、といい、例として能をあげて、大夫《たゆう》に笛を吹かせ、鼓打ちに舞わせても見るにたえないが、大夫に舞わせて、笛吹き、鼓打ちにそれぞれを行わせれば、能が成立する、国持大将《くにもち》が家臣を召し使うのも、このようなことである、といっている。

三条目は、家臣は分限相応の振る舞いをするのがいいこと。分不相応の者は百姓・町人に無理な税金を賦課《ふか》しており、やがて村は潰《つぶ》れて百姓は他国に逃げ、留《とど》まる百姓も領主に恨みをはらそうとし、国中は貧しくなり、結局は戦争に勝てない。現在の上杉《うえすぎ》家の家中の状況はそのような状態なので、よくよく心得なければならない、といっている。

四条目は、倹約を心がけること。華美を好めば百姓に重い負担を負わせざるをえない。倹約を守れば、村も豊かになり、戦争に勝てる。「亡父入道殿（伊勢宗瑞《いせそうずい》）」は、少身から身を興して天性の福人と世間でいわれているが、それは天道の冥加《みようが》であるとはいえ、第一に倹約を守って、華麗を好まなかったことによる、何事につけ侍は古風をよしとし、当世風を好めば、たいていは軽薄者とみなされる、といっている。

最後の五条目は、手際よく合戦で大勝利すると油断しがちなので、勝って兜《かぶと》の緒を締めよ。大勝利すると驕《おご》りの心が生じ、敵を侮り、不行儀なことを必ず行うものであり、そのようにして滅亡した家は、古来より多くみられているので、この心持ちは万事にあてはまることで、勝って兜の緒を締めるということを忘れてはいけない、といっている。

このように氏綱は、氏康に対して、家臣を従える大将として、あるいは村・百姓を支配する統治者として、すなわち戦国大名家の当主としての心得を書き置いたのであった。氏綱が病体となった時期はまた、隣国の甲斐《かい》では百年の間にもなかったほどの大飢饉《ききん》であり（「勝山記」『山梨県史資料編6上』所収）、そうした飢饉状況は北条領国でも同様であった。ここで氏綱がことさら三条目と四条目で、村の豊かさが戦争の勝敗にかかっている、といっているのは、そのような飢饉のなかでのこととみると、現実味が増すといえる。ちなみに甲斐の戦国大名の武田《たけだ》家では、飢饉への対応の悪さから六月十四日に、当主信虎《のぶとら》を国外追放するという、嫡子晴信《はるのぶ》（法名信玄《しんげん》）によるクーデターが起きることになる。

氏綱は、この書き置きを与えてから二カ月後の七月十七日に、五十五年の生涯を閉じた。ここに、氏康が北条家三代目当主となった。直前に氏綱から与えられた書き置きの内容は、まさに戦国大名家の当主が大事にしなければならない心懸けがどこにあったのかを、端的に伝えてくれるもので、それぞれの条文は興味深い内容である。氏康はこれらの内容を心に刻んで、この後の領国統治にあたっていったとみられるが、そのうち三条目・四条目にみられたような、村を大切にするという問題については、すでに拙著『戦国大名の危機管理』（角川ソフィア文庫）で詳しく述べているので、参考にしていただきたい。

氏綱の人材活用法

本書の内容から注目しておきたいのは、二条目の家臣を適材適所で用いる、ということであろう。家臣を、その能力に応じてどう用いるか、ということである。この条文は、三条目とともにとりわけ長文になっている。しかも例を出しながらわかりやすい表現をとっている。そこでその内容を、現代語訳によってあらためてみておくことにしたい。

侍（知行《ちぎょう》を与えている家臣）から地下人《じげにん》（百姓で軍事奉公する者）・百姓らにいたるまで、どれにもかわいく（「不便《ふびん》」）思いなさい。およそ人であれば使えない（「捨てりたる」）者はいない。器量（能力）・骨柄《こつがら》（体格）・才覚（思考）が他者より勝っていて、しかも武芸にも達していて、見事な良い侍とみえても、思いの外に武勇は不調法の者がいる、また何事についてもわかっていなくて、誰がみてもうつけの者であっても、武道では剛強の活躍をする者が必ずいる、たとえ体が不自由な者であっても、使い方次第で重宝することになる事も多いので、その外については（いうまでもなく）、使えない（「捨てりたる」）者は一人もいない、その人が役に立つところで使い、役に立たないところでは使わなければ、どの人でも役に立つようにするのが、良い大将ということである、この者は全く何の役にも立たないうつけ者と見限ってしまう事は、大将の心持ちとして浅ましく心が狭い、一国を持つ大将に仕えるものとなれば、善人・悪人がどれだけいるであろうか、うつけ者であっても罪科が無いうちは刑罰を与えることはできない、侍のなかに、自分は大将からお見限りにされたと思ってしまえば、戦う（「勇み」）心持ちが無くなり、本当にうつけ者となって役に立つことはない、大将はどのような者であってもかわいく（「不便」）思っていることを、いろんな人に普《あまね》くしらせるようにする事である、皆々が役に立つか立たないかは大将の心持ちにある、上代でも賢人は稀にしかいない者なので、末世にはさらにみられるはずがない、大将であっても十分な者はいないので、見間違いや聞き間違いはどれほどあるだろうか、例えば、能一番を行おうとした時に、大夫に笛を吹かせて、鼓打ちに（舞を）舞わせては、見物《みもの》にはならない、大夫に舞わせて、笛・鼓それぞれに行わせれば、人を入れ替えることもなく、同じ人で能一番が成立する、国持大将が侍を使うというこことは、このようなことである、（ただし）罪科がある者や、特に少身の者は、使ってはいけない、

このように氏綱の人材活用というのは、その人のよいところを見つけて、活躍できるところで用いる、というものであり、それが一国を有する大将の態度だ、というものであった。北条家はすでに数ヵ国を領有する戦国大名になっていた。その直臣《じきしん》（直接所領を与えている家臣）は、四百人ほどの規模であり、大名家当主はまさに大組織

の長であった。

氏康はこのような教訓を、氏綱から与えられたのであった。氏康の以後における家臣への対応は、必ずやこの教訓を踏まえてのことであったと思われるし、それはその後の歴代当主にも承《う》け継がれたに違いない。

とりわけ氏康が、この後において広大な領国を統治していくうえで、あるいは広範囲にわたって周囲の政治勢力に対峙《たいじ》していくうえで、家臣の最上層に位置した一門《いちもん》や家臣を、どのように活用し配置していったのか。これから具体的にみていくことにしよう。

家督相続時の領国

氏康が北条家の家督を相続した時、北条家の領国は、伊豆《いず》・相模《さがみ》二カ国、武蔵《むさし》のうち河越《かわごえ》領以南、下総《しもうさ》のうち葛西《かさい》領、駿河河東《するがかとう》にわたり、国衆《くにしゅう》の武蔵由井《ゆい》領の大石《おおいし》家、同勝沼《かつぬま》領の三田《みた》家が従属し、下総佐倉《さくら》領の千葉《ちば》家、上総真里谷《かずさまりやつ》武田家と盟約する関係にあった。そのうち駿河河東では、国衆の葛山《かつらやま》家、御厨垪和《みくりやはが》家、富士《ふじ》家が従属していた。

ここでまずは、領国統治のかたちについてみておくことにしよう。領国のうち、伊豆は一国が行政支配の単位とされた。相模は西郡・中郡・東郡・三浦郡・津久井《つくい》領が

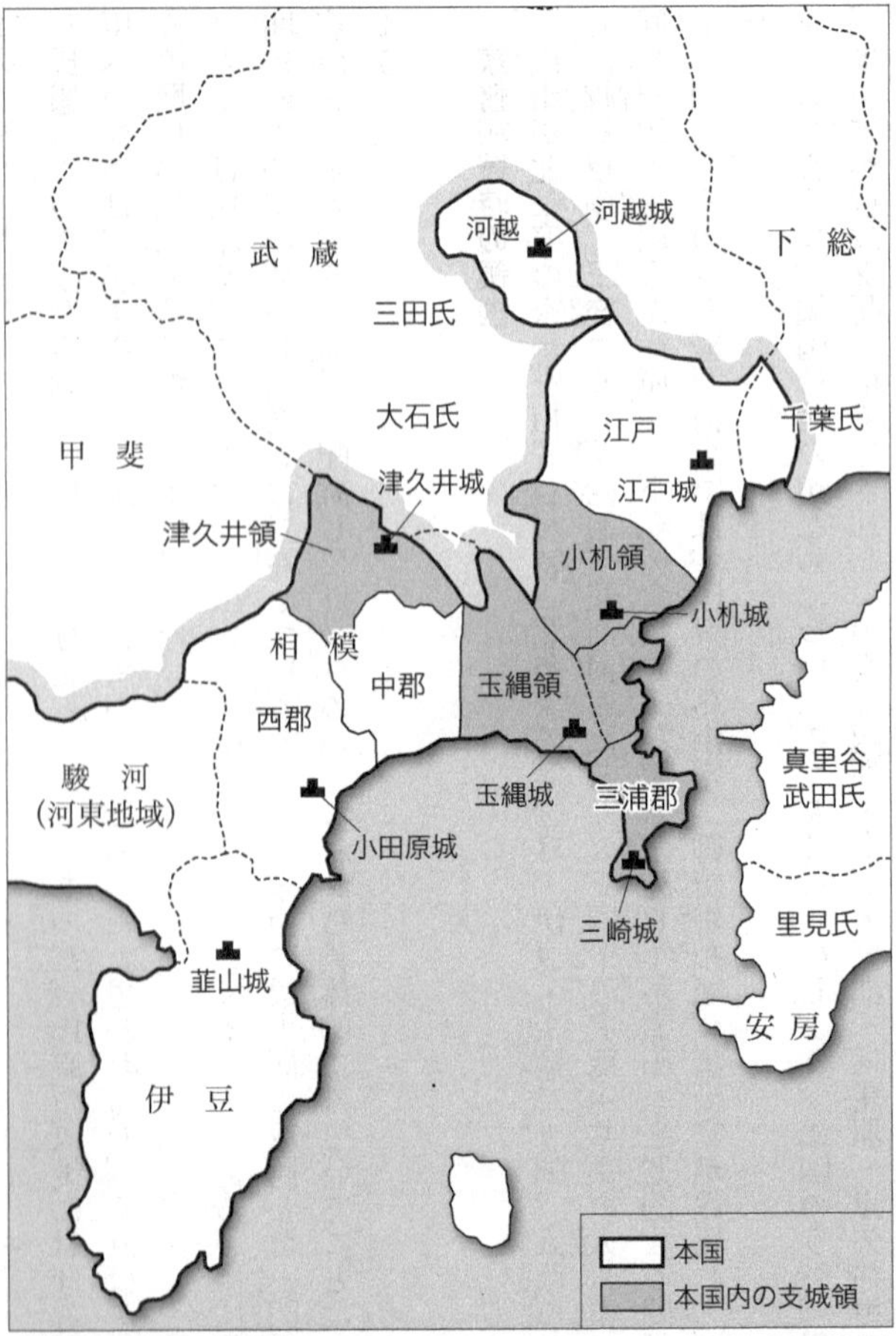

北条氏康相続時の勢力範囲（黒田基樹『北条氏康の妻　瑞渓院』掲載図を基に作成）

行政支配の単位になっており、武蔵南部は、久良岐《くらき》郡・小机《こづくえ》領・江戸領・河越領が行政支配の単位になっていた。そのうち相模東郡と武蔵久良岐郡は、東郡に所在した玉《たま》縄《なわ》城（神奈川県鎌倉市）の管轄として玉縄領という行政単位とされた。また武蔵江戸領と下総葛西領は、江戸領に所在した江戸城（東京都千代田区）の管轄として、広義の江戸領という行政単位となっていた。

それら行政単位には、支配拠点となる城郭が所在した。北条家の本拠は、相模西郡に所在した小田原城（神奈川県小田原市）であったが、小田原城は西郡・中郡を管轄した。伊豆には韮山《にらやま》城（静岡県伊豆の国市）、相模三浦郡には三崎《みさき》城（神奈川県三浦市）、津久井領には津久井城（同相模原市）、玉縄領には玉縄城が所在した。武蔵では、小机領には小机城（同横浜市）、江戸領には江戸城、河越領には河越城（埼玉県川越市）が所在した。支配拠点となっていたこれらの城郭は、本拠の小田原城を「本城」と称するのに対して、「支城」と称されている。

そして伊豆と相模西郡・同中郡は本城の小田原城が行政支配を総括し、そのもとで個々の領域の行政支配にあたる「郡代《ぐんだい》」が配置されていた。伊豆では、笠原綱信《かさはらつなのぶ》（美《み》作守《まさかのかみ》）・清水綱吉《しみずつなよし》の両郡代とされ、相模西郡は石巻家貞《いしまきいえさだ》（のち家種《いえたね》、勘解由左衛門尉《かげゆさえもんのじょう》・下野守《しもつけ》）、同中郡は大藤栄永《だいとうえいえい》（金谷斎《きんこくさい》）が郡代を務めていた。それ以外の領域は、支城が行政支配を管轄し、それらを「支城領」と称している。その行政支配を担当したも

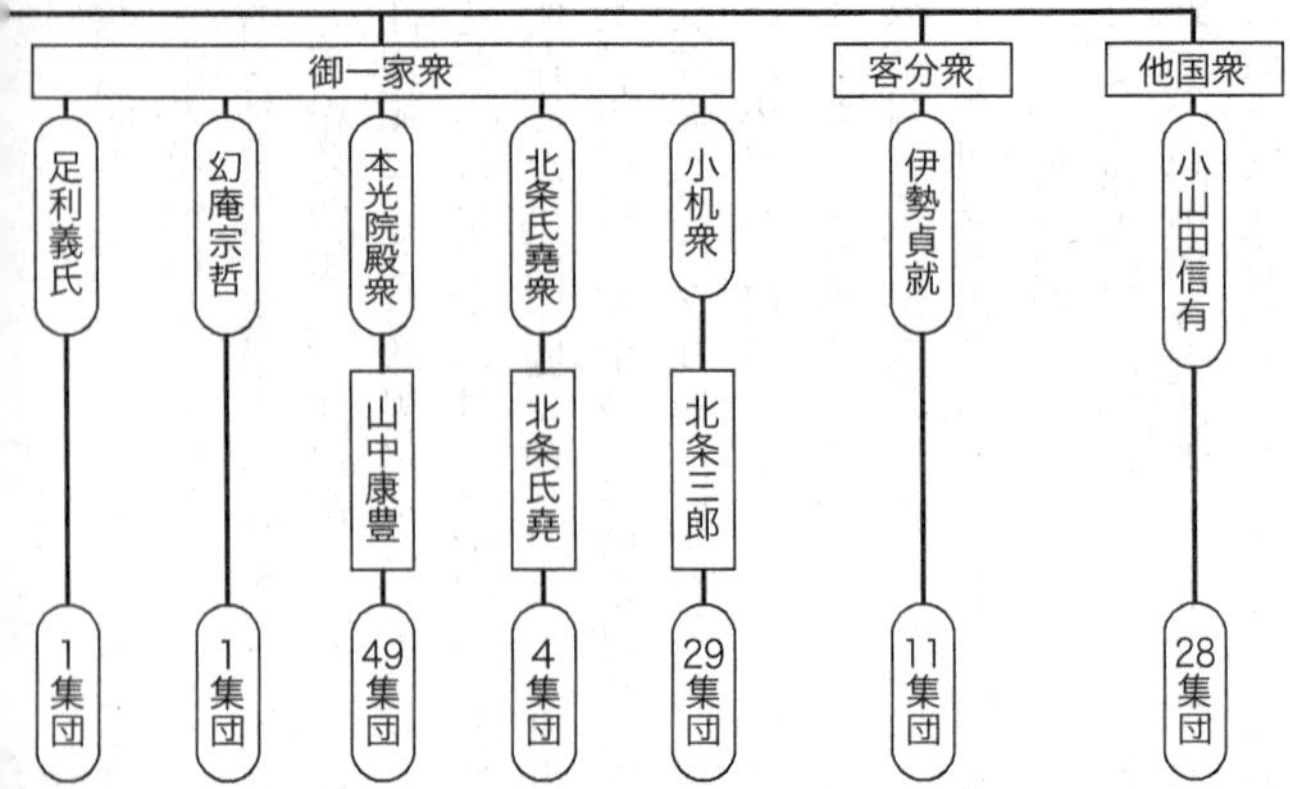

北条家の軍団構成

のは、支城に配属されている軍団（「衆」）に対する権限、領域支配における権限の相違から、「城代《じょうだい》」「城主」に区分することができる。玉縄領は城主として北条為昌《ためまさ》（氏康の弟、彦九郎）があたり、為昌はまた三浦郡、小机領、河越領をも管轄していた。それぞれには城代ないし代官《だいかん》として、玉縄領には北条綱成《つなしげ》（氏康の妹婿、孫九郎・左衛門大夫《さえもんのだいぶ》・上総守）と大道寺《だいどうじ》盛昌《もりまさ》（蔵人佐《くろうどのすけ》・駿河守）、三浦郡には山中修理亮《やまなかしゅりのすけ》（盛高《もりたか》か）、小机領には笠原信為《のぶため》（越前《えちぜん》守）が置かれていた。そして江戸領は、遠山綱景《とおやまつなかげ》（藤九郎・隼《はや》人佑《とのじょう》・甲斐守・丹波《たんば》守）が城代としてあたっていた。

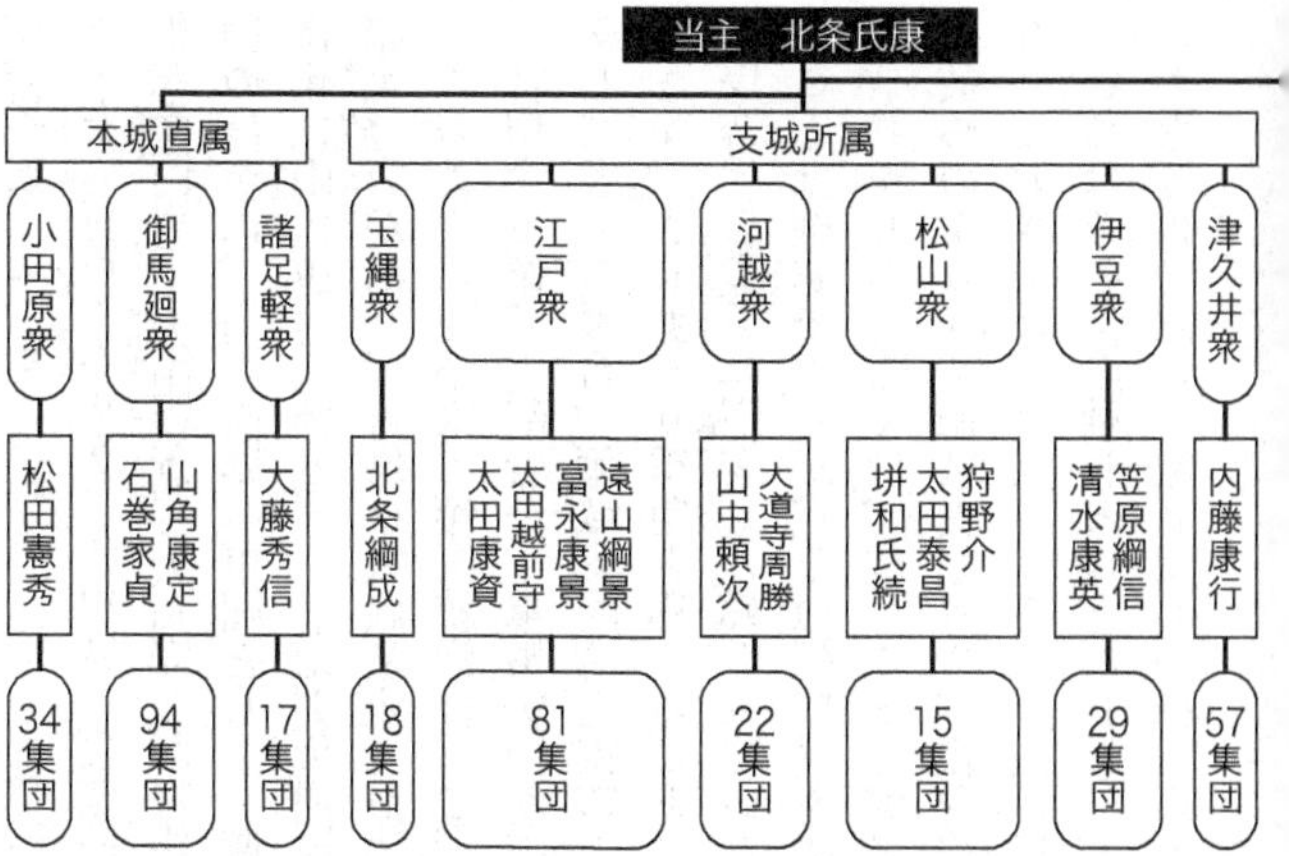

北条家の家臣団構造（『役帳』段階）

またそれら本城・支城には、軍事・行政に携わる軍団が配属されていた。軍団は、寄親《よりおや》の一族・家臣・与力《よりき》からなる軍事集団が基礎になっていた。この軍団が、軍事行動における軍勢の単位をなしていて、それは当時、「一手《いって》」と称された。

小田原城には小田原衆があり、寄親は松田《まつだ》盛秀《もりひで》（弥次郎・尾張《おわり》守）。韮山城には伊豆衆があり、寄親は両郡代の笠原綱信と清水綱吉。玉縄城には玉縄衆、三浦郡には三浦衆、小机領には小机衆、河越城には河越衆があり、全体の寄親は北条為昌であったと思われるが、玉縄衆では北条綱成・大道寺盛昌、三浦衆では山中修理亮（盛高か）、小机衆では笠原信為、河越衆では山中頼次《よりつぐ》（彦四郎・内匠助《たくみのすけ》）・太田《おおた》泰昌《やすまさ》（又三郎・弾正忠《だんじょうのじょう》・豊後《ぶんご》守）が寄親であったとみられる。津久井城には津久井衆があり、寄親は内藤康行《ないとうやすゆき》（九郎五郎・左近将監《さこんのしょうげん》・大和守《やまと》）。江戸城・葛西城には江戸衆があり、遠山綱景・富永政辰《とみながまさとき》（四《し》郎左《ろうさ》衛門尉《えもんのじょう》）・太田《おおた》資高《すけたか》（大和守）が寄親であった。さらにそれら本城・支城配属の軍団のほかに、当主直属の軍団として、側近家臣によって構成される御馬廻衆《おうままわりしゅう》があり、寄親は山角康定《やまかどやすさだ》（弥太郎か・四郎左衛門尉・上野守《こうずけ》）と石巻家貞。傭兵《ようへい》から構成される諸足軽衆《あしがるしゅう》があり、寄親は大藤栄永であった。

　このように北条家の領国統治は、「郡」「領」と称された支配領域ごとに、行政支配を管轄する領域支配者と、軍事集団を率いる寄親を中心に担われていたことがわかる。そして多くの場合、領域支配者と寄親とは重なる場合がみられており、それらの家臣たちを、さしあたり重臣と称することができるであろう。当時、そうした重臣は多くの場合、「家老《かろう》」「宿老《しゅくろう》」と称されていた。北条家の場合、有力者として家老が存在したことは確認できるが、その構成員を明確に示すような史料はほとんど存在していない。しかしおそらくは、彼らこそが家老にふさわしい存在とみなされるので、ここでは彼らのような、領域支配者や寄親を務めているような存在を、基本的には家老とみなしておきたい。またもちろん、彼ら以外にも家老は存在したとみられるが、それについてはその都度触れることにしたい。

　ちなみにそれらの家老たちのほとんどは、氏綱と同世代か、もしくはそれより少し下の世代であったと思われる。そうしたなかで、氏康と同世代であったものに、同年齢で義弟にあたった北条綱成があった。おそらく内藤康行・山角康定も、氏康から偏《へん》諱《き》をうけていることからみて、ほぼ同世代か少し下の世代であったと思われる。そのため彼らはその後、氏康よりも長期におよぶ活動をみせていくのである。これら家老の出自などについては、以下の叙述のなかで必要に応じて折々に触れていくこととしよう。

一門衆の存在

氏康には叔父《おじ》として、もと箱根《はこね》権現社別当《ごんげんしゃべっとう》であった幻庵宗哲《げんあんそうてつ》（もと法名長綱《ちょうこう》）がおり、弟に為昌と氏堯《うじたか》がいた。このうち氏綱の生前から、氏綱・氏康とともに軍勢の大将を務めていたのは、宗哲と為昌であった。たとえば、天文四年（一五三五）の甲斐山中《やまなか》合戦や同五年の武蔵河越入間川《いるまがわ》合戦で、氏綱・氏康とともに、為昌と宗哲は一軍の大将として記されている（「甲州山中・武蔵河越入間川両合戦図」『北区史資料編古代中世2』一五七頁）。両者はこの時点で、独自の軍団を構成していたことがわかる。なかでも為昌は、すでに天文二年に安房《あわ》侵攻を行っているから、当主に代わって大将を務めることができた存在であった（戦北一〇八）。

このように当主と並んで、あるいは当主の代わりに、独自の軍団を構成して、軍事行動を展開するような存在を、一門衆ととらえることができる。北条家ではそうした存在を「御一家衆《ごいっかしゅう》」と称している。氏康の家督相続時、そうした御一家衆に叔父の宗哲と弟の為昌がいた。しかしこの場合はむしろ、二人しか存在していなかった、といったほうが適切かもしれない。

宗哲は、祖父伊勢宗瑞の四男で、「北条五代記」(『北条史料集』所収)では明応《めいおう》二年(一四九三)生まれとされているが、ほかの史料による確認はとれていない。その動向からすると、実際にはもう少し遅く、永正期《えいしょう》(一五〇四〜)初め頃の誕生のように思われる。初めは箱根権現社(神奈川県箱根町)に入寺し、その社領を継承するとともに、天文三年から同七年まで同社別当を務めていることが確認されている。その後は、法嗣《ほうし》の融山《ゆうざん》に別当職を譲っているが、箱根権現社の管轄は継続した。

氏康の家督相続時には、およそ四十歳くらいであったとみられ、北条家一門のなかでも最年長の存在であった。所領も多く有していて、のちの永禄《えいろく》二年(一五五九)の時点で所領高は五千貫文を超えている(「北条家所領役帳」『戦国遺文後北条氏編別巻』。以下「役帳」と略記)。ただしそのうち千貫文は下野佐野《しもつけさの》領からの年貢であったから、北条領国では四千貫文を領有していたことになる。

この所領高は、永禄二年の時点では、北条家の一門・家臣のなかでも、ほかから突出した数量であった。それに次ぐのが、松田憲秀《のりひで》(盛秀の嫡子)の三千貫文弱であったから、有力家老の倍以上のものであった。所領高に応じて家臣数も多くを抱えていたとみられ、宗哲は、まさに御一家衆を代表する軍事集団を構成していた存在であったことがうかがわれる。なお宗哲とその子孫は、小田原城下の久野《くの》に屋敷をもち、「久野殿」とも称されたから、その家系を久野北条家とよぶことができる。

為昌は、氏綱の三男で（次男は早世）、氏康よりも五歳年少の永正十七年（一五二〇）生まれであった。氏康の家督相続時には二十二歳であった。為昌はまだ十三歳であった天文元年に、叔父で玉縄城主であった北条氏時《うじとき》（氏綱の弟、左馬助《さまのすけ》）の遺領を継承して、玉縄領・三浦郡支配を継承した。そして十四歳の時の同二年には、先にみたように軍事行動を展開している。その後、同六年には、武蔵小机領も管轄するようになり、また同年に経略した河越領をも管轄するようになる。これにより為昌の支配領域は、玉縄領・三浦郡・小机領・河越領におよび、相模の東半分から武蔵多摩川までの一帯と、江戸領を飛び越えて河越領にわたることとなり、当時の北条領国の半分を占めるものとなった。

そのことからみて為昌も多くの所領を有していたことは確実とみられるが、残念ながらそれを示す史料はみられないため、具体的には不明である。ただし玉縄衆・三浦衆・小机衆・河越衆がその軍団であったと思われるから、かなり強大な軍団を構成していたことがうかがえる。

ちなみに氏康には、もうひとり弟として氏堯があった。氏堯は大永《だいえい》二年（一五二二）生まれで、氏康よりも七歳年少であった。氏康の家督相続時には二十歳になっていた。この年齢からすると、すでに元服していたと思われるものの、当時における活躍はみられていない。氏堯の活動が確認されるようになるのは、これから十四年も経ってからの弘治《こうじ》元年（一五五五）、三十四歳になってからのことになる。氏堯の活動がそのように遅くからしかみられない理由については明確ではないが、病弱であったためではなかったかと思われる。そのため成人しても、すぐには氏康を支える一門衆として活動することができなかったのではないかと思う。

為昌死去の衝撃

氏康が家督を相続した時点の北条領国の統治において、弟為昌の存在は絶大なものであったことがわかる。所領高こそ不明なものの、その管轄領域は、当時の北条領国の半分にもおよぶものであったし、玉縄衆・三浦衆・小机衆・河越衆といった多くの軍団を構成していたからである。両者の年齢差はわずかに五歳。当時の北条家は、当主の氏康と弟の為昌によって共同統治されていたといってもいい状態にあった。

氏康が家督を継いでから三カ月後の、天文十年（一五四一）十月から十一月初めにかけて、敵対関係にあって河越領に北接する松山領などを領国としていた扇《おうぎがやつ》谷上杉家と、それを支援する山内《やまのうち》上杉家から、為昌が管轄する河越城と、遠山綱景が管轄する江戸城に攻撃をうけた。なかでも河越城は二度の攻撃をうけ、籠城《ろうじょう》戦の末に撃退している。両城はともにかつて扇谷上杉家の本拠であったところで、扇谷上杉家は北条家の代替わりの隙を衝《つ》いて、両城奪還を図って攻撃してきたものとみられる。

そのうち河越城での迎撃には、諸足軽衆寄親の大藤栄永・景長《かげなが》（三郎）・与次郎《よじろう》父子三代に、小田原衆とみられる篠窪出羽入道《しのくぼでわにゅうどう》もあたっているので（戦北一九八・二〇〇）、氏康から援軍が派遣されていたことがわかる。彼らの戦功に対しては、氏康が感状《かんじょう》を発給しており、そのなかには為昌に付属していたと思われる寄親の太田泰昌もみられる（戦北二〇二）。これらから、河越城での合戦ではあったが、合戦の惣《そう》大将は当主たる氏康であったことがわかる。為昌はあくまでもそれを補佐し、代行する存在であったことがうかがわれる。

このように氏康は、まだ若いながらも多くの権限を有していた為昌と、協力しあって領国統治をすすめていくところであった。ところが翌天文十一年五月三日、為昌はわずか二十三歳で死去してしまう。法名は本光寺殿竜淵宗鉄大禅定門《ほんこうじでんりゅうえんそうてつだいぜんじょうもん》とおくられ、菩提寺として本光寺が小田原城内に建立された。為昌の妻子については明確ではないが、娘（小笠原康広《おがさわらやすひろ》妻・種徳寺殿《しゅとくじでん》）が存在したと推測されるので（拙稿「北条氏康の子女について」黒田・浅倉直美編『北条氏康の子供たち』）、妻帯はしていたと思われる。ただし男子はなかったとみられるので、為昌の家組織は解体されざるを得なくなった。

為昌は、先に触れたように、玉縄領・三浦郡・小机領・河越領という広範囲の領域を管轄し、それに対応して多くの軍団を構成していた。氏康としては、この枠組みをそのまま誰か別人に承け継がせるか、それとも分割してそれぞれ別にして継承させるか、ということを考えたであろう。その枠組みのまま継承させる場合、最適なのは実子であるといえるが、嫡子西堂丸《せいどうまる》（のち新九郎氏親《しんくろううじちか》）は、天文六年生まれのまだ六歳にすぎなかったから論外となる。また為昌亡き後、唯一の御一家衆となった宗哲に継承させるという案もあろうが、すでに宗哲は、為昌とともに独自の軍団を構成する存在であったから、これも論外となる。そうすると選択肢は、為昌の管轄領域・軍団を分割して、それぞれ別人に継承させるということしかなかった。

もうひとつの重大問題になったとみられるのが、当主の代行を果たすことができる御一家衆が、宗哲だけとなってしまうことであった。御一家衆の役割には、当主に代わって、当主直臣をも含めた軍勢の惣大将を務める、ということがあった。それまでは為昌と宗哲の二人が当主の代行を務めていたが、それが宗哲だけになってしまうと、北条軍の軍事行動は、当主氏康と宗哲の二軍団しか行動できない事態になってしまいかねない。そこで氏康は、為昌の死去をうけて、それに代わる御一家衆を取り立てることが必要になったと考えられる。

すでにみたように、氏康の実子はまだ幼少すぎて論外である。可能性としては、唯一残っている弟の氏堯か、宗哲の子三郎（宝泉寺殿《ほうせんじでん》）あたりが候補となろう。しかし氏堯の動向はこれから十年以上あとになってようやくみられ出すのであり、それを思うとそのような役割はまだ果たせないと判断されたのであろう。また宗哲の子三郎にしても、その年齢は不明であるが、その動向がみられるようになるのは、これも十年以上ものちのことになるから、まだ年少であり、やはりそのような役割を果たせる状況にはなかったと考えられる。そのような状況のなかで、氏康が選択したのは、妹婿の北条綱成を御一家衆に取り立てる、ということであった。

北条綱成の取り立て

北条綱成は、北条名字を称してはいるものの、北条家の血統ではなかった。父は「伊勢九郎」さらには「北条九郎」と称していて、同じく北条名字を称してはいたが、もとは「福島九郎」と称した人物で、すなわち駿河今川《いまがわ》家の宿老であった福島家の出身であった。北条家の始祖宗瑞は、今川氏親《うじちか》の叔父で、その後見として、当初は今川家の領国支配を差配していた。三男の氏広《うじひろ》は、今川家に従属する国衆の葛山家を養子継承して、氏広自身は今川家の御一家衆として、今川家に仕えていた。また娘のひとり（宗哲の姉）は、今川家の宿老である三浦氏員の妻になっているというように、宗

北条綱成関係系図

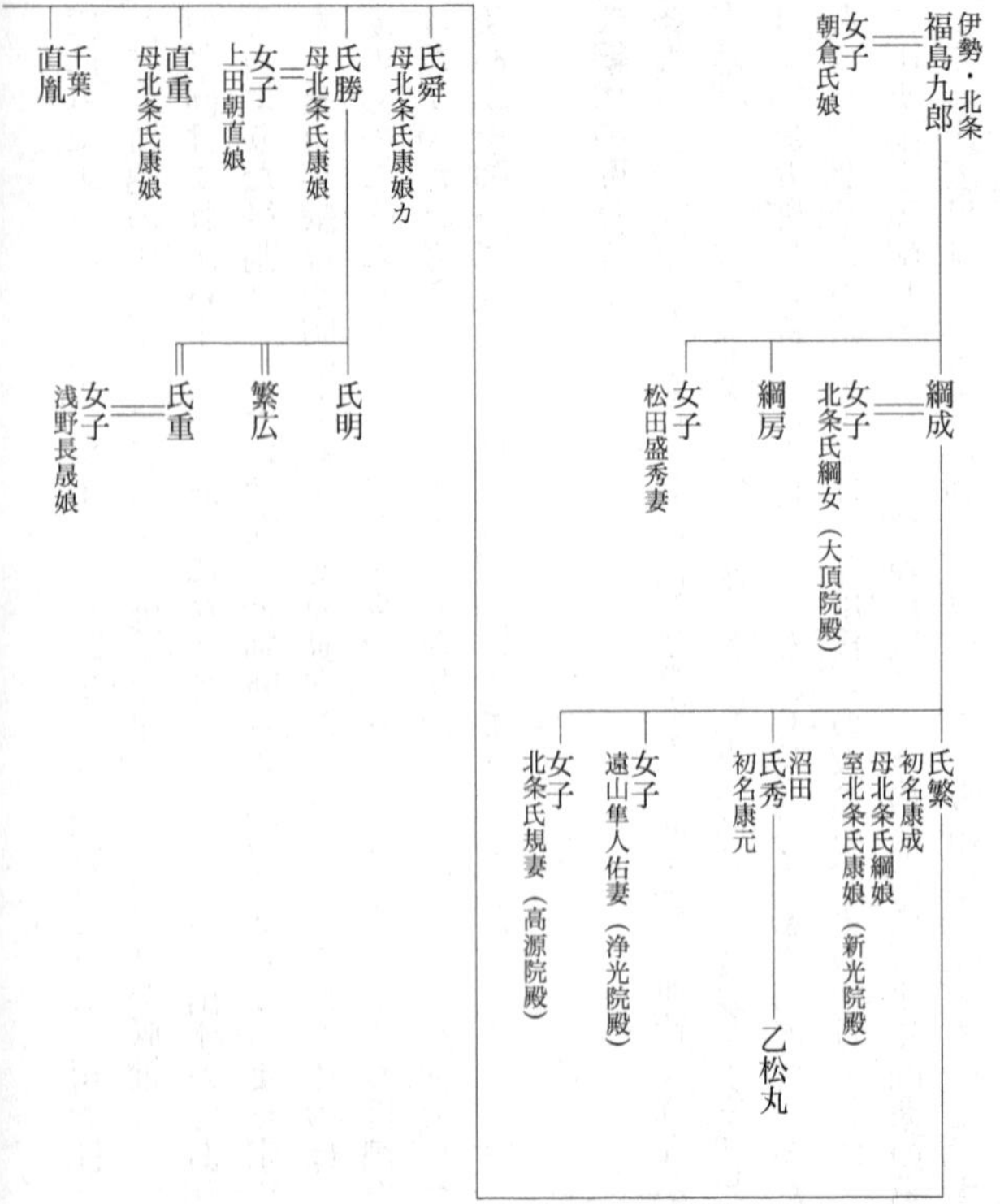

伊勢・北条
福島九郎
女子
朝倉氏娘
綱成
女子
北条氏綱女（大頂院殿）
綱房
女子
松田盛秀妻
氏繁
初名康成
母北条氏綱娘
室北条氏康娘（新光院殿）
沼田
氏秀
初名康元
乙松丸
女子
遠山隼人佑妻（浄光院殿）
女子
北条氏規妻（高源院殿）
氏舜
母北条氏康娘カ
氏勝
母北条氏康娘
女子
上田朝直娘
氏明
繁広
氏重
女子
浅野長晟娘
直重
母北条氏康娘
千葉
直胤

繁広――――氏長
＝女子　遠山為勝娘
女子　上杉氏憲妻　北条氏政養女カ
女子　杉原長房妻
宝鏡院殿
陽善庵

瑞は今川家の人物と密接な関係を結んでいた。

福島家と北条家との具体的な関係は明確ではないが、福島家出身の九郎が、伊勢名字、さらには北条名字を称しているのは、それを氏綱から与えられたからと考えられる。そしてそのようなことが行われたのは、九郎が、氏綱と何らかの姻戚《いんせき》関係があったからと推測するのが妥当である。いまだ具体的な関係は不明ながらも、北条家が他家出身のものに名字を与えているのは、この九郎に対してだけであることからすると、そのように推測される。一番可能性があるのは、氏綱の妹が、九郎の妻になっていたか、九郎の姉妹が氏綱の妻になっていたか、といったところであろうが、いまはまだ不明である。

それはともかくとしても、九郎は、氏綱に代わって北条軍の惣大将を務める存在になっていた。しかし大永五年（一五二五）八月二十二日の武蔵白子原《しらこはら》合戦で戦死してしまうのである。この時期、氏綱には、自身に代わって惣大将を務められるような御一家衆は存在していなかった。弟氏時《うじとき》の動向がみられるようになるのは、その直後からのことである。氏綱は、弟氏時が活躍できるようになるまでの間、何らかの姻戚関係にあったかもしれない福島九郎に、一門の待遇を与えて、自身の代行を担わせたと思われる。それが名字の付与となってあらわれているのであろう。

綱成はその九郎の嫡子で、永正十二年（一五一五）の生まれである。これはちょうど氏康と同年であった。そして元服した頃、およそ享禄《きょうろく》期（一五二八〜）初めの頃とみられるが、氏綱の娘（次女か）の大頂院殿《だいちょういんでん》を妻に迎えることになる。元服にともなって仮名「孫九郎」、実名「綱成」を称した。実名のうちの「綱」字はもちろん、岳父氏綱から偏諱（実名の一字）を与えられたものである。名字も父と同じく、北条名字を称した。ただし氏綱血縁の御一家衆と異なっているのは、偏諱が、北条家の通字である「氏」ではなく、下字の「綱」であったことである。これは他の御一家衆よりも、家格が低く位置づけられたことを示している。いわば御一家衆と家老の間にあるような存在といえる。一門のようであり家老のようでもある、というような状態といっていいかもしれない。

そうした立場は、当初の綱成の動向からもうかがうことができる。綱成の動向が確認できるのは天文二年（一五三三）、十九歳の時からで、為昌の補佐として玉縄城に在城して城代を務めている。為昌は城主ではあったが、河越城の城主になるまでは、基本的には小田原城に居住していたから、綱成は若年の為昌の補佐役にあたっていたとみられる。そしてそのような状況は、それこそ為昌の死去まで続いていたと思われる。

ちなみに綱成の母は、北条家臣で伊豆に本拠をもった朝倉《あさくら》家の娘で、同母の弟に孫次郎（のち刑部少輔《ぎょうぶのしょう》）綱房《つなふさ》、妹に松田盛秀妻があった。ともに為昌生前時に成人を迎えていたとみてよく、綱房は兄綱成とともに、玉縄城に在城していたとみられるし、妹が有力家老の松田盛秀に嫁いでいるのは、氏綱の考えによるものと思われる。

綱成はこのように為昌の補佐役を務めて玉縄城に在城していて、北条名字を称して、「北条庶子」として御一家衆に準じる立場にあった。そして妹は、有力家老の松田家に嫁ぐというように、家老との間に姻戚関係を形成していた。氏康は為昌の死去をうけて、同年齢であり、かつそのような立場にあった綱成を、為昌に代わる御一家衆として取り立てるのである。具体的には、為昌の所領の多くを綱成に継承させるとともに、玉縄城と玉縄衆を綱成に与えて、玉縄領支配にあたらせた。それだけでなく、三浦郡についても、「郡代」支配権を与えて、同領の領域支配にあたらせるのである。

こうして綱成は、支城領を支配する御一家衆のひとりとなり、それに応じて玉縄衆という独自の軍団を構成する存在となった。こののち綱成は、氏康に代わって軍勢の惣大将を務めたり、他の大名や国衆と外交関係をもったりと、有力な御一家衆として活動していく。なお結果として、綱成とその子孫は代々、玉縄城主を歴任し、「玉縄殿」と称されるようになる。そのためその家系を玉縄北条家と称することができる。

「本光院殿衆」存続の意味

為昌の遺領のうち、玉縄領は綱成に継承され、三浦郡の領域支配も綱成に継承された。ちなみに三浦郡配属の軍事集団である三浦衆については、氏康の直接指揮下に置かれた。三浦衆は、為昌の法号をとって「本光院殿衆《ほんこういんでんしゅう》」と称されて、為昌の旧臣団として扱われ、これを他者に配属させるのではなく、氏康が直接管轄したのであった。

しかしながら、なぜこのような方法をとったのかはわからない。為昌の遺領と旧臣団を解体するのであるから、ここで三浦衆だけを為昌の旧臣団として存続させる理由はないように思われる。ということは逆にいえば、為昌の旧臣団を、一部ではあっても、残しておく必要があったことになる。明確な理由はわからないながらも想定されることは、将来における為昌家の再興しかない。為昌に男子があったことは伝えられていないが、あるいは幼少ながらも存在していて、成長したら三浦郡の支城主として取り立てるつもりであったのかもしれない。あるいは男子はなかったにしても、娘の存在は推定されるので、一門のなかから婿をとるかたちで、再興させることを考えていたのかもしれない。

その際に、綱成が為昌の菩提者の立場についていることは注目すべきことといえる。為昌から継承した遺領のうち、伊豆平井《ひらい》郷（静岡県函南町）は、為昌の供養料にあてられ、菩提寺の本光寺に与えられているのである（「役帳」・戦北一六七八）。綱成が為昌の遺領を継承しただけでなく菩提者となっているのは、その家系を維持する役割を担っていることを意味している。そうするとあるいは、綱成の庶子などに、為昌の遺女を娶《めと》らせるなどして、為昌家の再興が想定されていたのかもしれない。

真相は不明であるが、実際にはこののち、永禄七年（一五六四）になって、氏康の四男氏規《うじのり》が、綱成の娘婿となる取り決めがされることになる。そうして氏規は、綱成から、為昌の菩提者の立場と三浦郡の領域支配権を継承し、父氏康から三浦衆に対する軍事指揮権を継承して、三崎城を拠点とした三浦郡支配を展開していくのである。

ただし為昌の供養料は、綱成から継承した平井郷のほかにも、相模西郡下中村郷（神奈川県小田原市）と土肥《どい》郷吉浜村（同湯河原町）があり、それらは為昌死後は当主の直轄領に組み込まれて、為昌の供養料として本光寺と伊豆修禅寺《しゅぜんじ》（静岡県伊豆市）

の塔頭《たっちゅう》・天蕙院《てんけいいん》に与えられている。そしてそれらも氏規に継承されている（戦北一〇四八・一五七八・二八六一）。このことからすると、当主の氏康もまた、為昌の菩提者であったことになる。氏規は氏康と綱成が担っていた為昌の菩提者の立場を、あわせて継承するのであった。ちなみに天蕙院の法号は、為昌のものとみられているが、確証があるわけではないようだ。あるいは為昌の妻のものかもしれない。

いずれにしても永禄七年になって、為昌の家系の再興は、氏康四男の氏規が綱成の娘婿となることで遂げられることになる。しかしそのようなことは、氏規の成長と駿河からの帰国をみたことで構想されたものである可能性が高い。氏規は、その直前の永禄五年まで、一種の人質のようにして今川家のもとに滞在していたのであった。そうであれば、為昌家の再興の構想は、当初はそれとは異なるものであったことは間違いないであろうし、綱成の存在が鍵《かぎ》になっていたことも確かなように思われる。しかし結局は、その構想が実現されることはなかった、ということであろう。

宗哲と小机領

為昌の遺領のうちのひとつの武蔵小机領と小机衆については、唯一の御一家衆であった北条宗哲が管轄することにされた。宗哲はすでに箱根権現社を管轄して、社領であった箱根山一帯を支配するだけでなく、それらも含めて四千貫文の大規模な所領を有していた。ここで新たに支城領とそれに付属する軍団を管轄に加えることになったのだが、このことはそのような役割を担える御一家衆が、宗哲のほかにいなかったために違いない。すでに大きな役割を担ってはいたが、さらに大きな役割を与えざるを得なかった、ということであろう。

しかも宗哲が新たに担うようになった役割は、それだけではなかったようである。宗哲は為昌死去の翌年である天文十二年（一五四三）から、自身の朱印として「静《せ》意《い》」朱印を創設し、所領などへの支配文書に使用するのであるが、支配の対象に相模中郡がみられるようになっている。もっとも中郡の領域支配全般にわたって、宗哲が管轄したかどうかは確定できない。しかしそれでも、宗哲が支配にかかわった対象に北条家当主の直轄領が存在しているので、少なくともそれらの代官を務めたことは確実であろう。

中郡には、すでに郡代として大藤栄永が存在していたが、宗哲は、その大藤家と私的に親密な関係にあったことがうかがえる（戦北六八七・一三九六）。このことから、一時的に宗哲は大藤家を指揮下に置いて、中郡支配を管轄した可能性も想定されるのである。大藤栄永は、天文二十年に死去するが、その活動は同十一年閏《うるう》三月を最後にしていた。その嫡子は三郎景長といい、さらにその嫡子は与次郎といった。そして両者のいずれかが、そののちに兵部丞《ひょうぶのじょう》を称したとみられるが、それも同二十一年十一月に死去していて、その間における明確な動向はみられていない。

宗哲が中郡支配に関与しているのは、同十八年六月までのことであった（戦北三五一）。その直後の同年七月から、栄永末子の与七秀信《よしちひでのぶ》（のち政信《まさのぶ》、式部丞《しきぶ》）の活動がみられるようになり（戦北四六四〇）、兵部丞死去直後の同二十一年十二月に、嫡流断絶によって栄永の家督を継承している（戦北四二一七）。宗哲が中郡支配にかかわっていたのは、ちょうど栄永の活動がみられなくなり、その家督を継承していたと思われる兵部丞が死去するまでの期間にあたっている。もしかしたら栄永が老体にあり、さらに兵部丞も病身などによって、ともに十分な活動ができない状態などにあったため、一時的に宗哲が中郡支配を管轄したのかもしれない。

もしそうであったとしたら、氏康は宗哲に、箱根権現社支配に加えて、小机領の支配と中郡の支配を追加で担わせたことになる。それは宗哲に、為昌に代わる存在になってもらおうとするものであった、あるいはそれに近い役割を担ってもらおうとしたのかもしれない。

大道寺盛昌と河越領

為昌の遺領のうち残る河越領は、有力家老の大道寺盛昌に継承された。盛昌の生年は明確ではないが、忌日は七月十二日、享年は六十二とされている（『寛永諸家系図伝』)。盛昌の活動は、天文十九年(一五五〇)六月を最後とし(戦北三八〇)、同二十一年四月からは嫡子周勝《かねかつ》(源六《げんろく》・駿河守)が家督としてみえているので、天文十九年か同二十年の死去と推定され、そうすると生年は延徳《えんとく》元年(一四八九)か同二年と推測される。これは氏綱よりも二、三歳年少である。

大道寺家は、山城国宇治の田原《たわら》郷大道寺村(京都府宇治田原町)の出身で、伊勢宗瑞がまだ在京していた頃に宗瑞の家臣になったとみられ、最古参の家臣であった。初代は発専《ほっせん》(法名、仮名太郎)と伝えられている。盛昌はその子というから、発専は宗瑞とほぼ同世代の人物と思われる。明応《めいおう》四年(一四九五)四月に駿河国の伊勢道者職《どうしゃしき》(伊勢神宮に道者を引率する権利)を売り渡す売券に、山城国からの移住者として、「山中殿・大道寺殿・あらき(荒木)殿」などがあげられており(「種村文書」『小田原市史史料編原始古代中世I』二九〇号)、そのうちの「大道寺殿」というのが、まさに発専にあたると思われる。

この発専は、小田原城で戦死したと伝えられている。宗瑞の時期に行われた小田原城での合戦とすれば、明応五年七月に、宗瑞の弟伊勢弥次郎《やじろう》が扇谷上杉家への援軍として派遣されて、対立する山内上杉家から攻撃された時か、小田原城が宗瑞の領有に帰したあとで、永正七年(一五一〇)十月に、敵対していた扇谷上杉家から小田原城まで攻撃をうけた時のことか、と思われる。ただし前者の場合では、翌年の明応六年に、伊勢弥次郎とともに軍勢の大将として「大道寺」がみえており（戦北四五九九）、これは発専のこととみられるので、該当しないだろう。そうすると発専の戦死は、永正七年のことであったかもしれない。とすれば盛昌はその時、二十歳か二十一歳であった。

盛昌の実名は、宗瑞の俗名「盛時《もりとき》」から偏諱をうけたものである。永正期初め頃の元服であったろう。その後、父発専の戦死をうけて家督を継いだとみられ、永正十七年には鎌倉代官を務めている。鎌倉は東郡のうちであったが、鎌倉時代から武家の聖都として、鶴岡八幡宮などの寺社が多数存在したため、東郡支配とは切り離されて独自の行政単位とされ、代官は主として鎌倉所在の寺社統制にあたった。東郡支配は玉縄城主が管轄し、享禄二年（一五二九）に氏綱弟の氏時《うじとき》が、天文元年から氏綱三男の為昌が支配にあたったが、盛昌はそれらとは無関係ではなく、その補佐を務めているようなので、あるいは彼らのもとで東郡の郡代の役割をも果たしていたかもしれない。

北条家は天文元年から、氏康が当主になった後の同十三年まで、東国武家の守護神であった鶴岡八幡宮の修造を行うが、盛昌はそこで造営の惣奉行を務めている。これは盛昌が、鎌倉代官を務めていたことからきていると思われるが、それだけでなく、東郡支配にかかわっていたこと、そして有力家老として存在していたことなど、家中における存在の重さにもよっていたのではないか、と思われる。氏康が家督を継いだ時、盛昌は五十二歳か五十三歳になっていたから、家老のなかでも最長老的な存在であったといってよい。

為昌の遺領のひとつが、家老とはいえ家臣筋に継承されたのは盛昌の河越領だけであるが、それは盛昌の家中における存在感によったものであろう。ただし領域支配において認められた権限は、御一家衆であった綱成や宗哲と同等とはされなかった。綱成や宗哲は、支城配属の軍団に対して、自己の家臣・与力として一元的な支配権を認められていたが、河越城に配属された河越衆には、それ以前から在城衆であった山中頼次・太田泰昌をそれぞれ寄親とする軍団も存在していて、新たに盛昌の軍団を加えた三軍団の構成になるとともに、盛昌の軍事指揮権は自己の軍団に対して機能するものにとどめられたのであった。それに対応するように領域支配についても、綱成や宗哲が領域内に所在した自身および家臣の所領に対して多くの権限を認められたのに対して、盛昌が認められたのは、「国役《くにやく》」（北条家がすべての村落から徴収する課役）の賦《ふ》課《か》・徴収権を基本としたもので、すなわち「郡代」の権能に限られた。

河越領における盛昌の立場は、それまでの為昌の場合とは異なっていたのである。また盛昌は、それまでは基本的には小田原城もしくは鎌倉に居住していたとみられるが、これ以降は河越城に在城し、河越領の支配にあたっていくこととなった。これは江戸領における遠山家と同等とみなされ、このような立場を「城代」と称している。

盛昌が新たに領域支配に加わるものとされたのは、有力家老であったからといえるが、そこで認められた権限は、家老というあくまでも家臣筋でしかなかったために、御一家衆とは区別されるものとされた、ということである。

なお現在でも、為昌死去後の河越城代には、綱成が就いたとする考えがみうけられるが、明らかな誤りである。

「一族」の家格にある家老

大道寺盛昌について触れたので、以下において、氏綱以来の家老たちについても概略を述べておくことにしたい。先に家老とみなされる重臣たちについて触れたが、そのなかでも松田家・遠山家・大道寺家の三家は、他の家老とは明確に区別されていた。のちの天正《てんしょう》十四年（一五八六）に作成されたと推定される「小田原一手役之書立」（戦北四二九五）では、その三家のみ「殿」付けで記されている。他の家老が打ち付け書き（殿付けなし）にされているのとは異なって、高い家格を与えられていたことがわかる。そこで「殿」付けされていたのは御一家衆と国衆であるから、この三家はそれらに匹敵する家格にあったとみることができる。そして具体的には、大道寺家の一族が他者から「北条一族」と称されていることから（「中里文書」）、「一族」という家格にあったとみなされる。おそらくこれは「御一家」に次ぐ家格であったろう。

その三家にも序列があったらしく、松田家、遠山家、大道寺家という順番であった。大道寺家は先に触れたように、伊勢宗瑞の京都時代以来の家臣であった。それに対して松田家・遠山家は、もとは伊勢家と同じく室町幕府直臣の奉公衆《ほうこうしゅう》の出身で、直接的には、堀越《ほりごえ》公方足利《くぼうあしかが》家の奉公衆であった系統にあたると推定されている。明応七年（一四九八）に、宗瑞が堀越公方足利茶々丸《ちゃちゃまる》を滅ぼした前後に、宗瑞の家臣になったものと思われる。

同じように堀越公方足利家奉公衆から転じてきたものに、家老のなかでも江戸衆寄親の富永《とみなが》家がある。家老までいたらないものに、布施《ふせ》家・大草《おおぐさ》家・蔭山《かげやま》家などがあった。そうしたなかで松田家と遠山家にのみ、「一族」の家格が与えられたことになるが、理由はわからない。大道寺家の状況を勘案すれば、初期の段階で卓越した役割を果たしたため、ということくらいしか思い当たらない。

伊豆進出以前からの家老

大道寺家と同じく、宗瑞の伊豆進出以前からの家臣であったとみられるものに、伊豆郡代・伊豆衆寄親と小机城代の二つの笠原家、三浦衆の山中上野守家、御馬廻衆寄親の山角家、相模西郡郡代で御馬廻衆寄親の石巻家がある。

笠原家の出自は明確ではないが、どうも宗瑞の実家の備中《びっちゅう》伊勢氏時代からの家臣であったらしい。備中国荏原郷《えばら》には同地に残った子孫の存在が確認されている(下山治久『北条早雲と家臣団』)。伊豆郡代の綱信と小机城代の信為は、同族であったとみられるが、その関係は明確ではない。ともに氏綱と同世代とみられるので、北条家家臣としては二代目くらいであったと思われる。ただし信為はのちに、個人的に伊勢宗瑞の菩提を弔っているので(戦北九一)、かなり親しい関係にあったことがうかがわれる。

山中家には二つがあるが、山城から移住したとみられるのは、三浦衆の康豊《やすとよ》の家系で、歴代の通称からこれを山中上野守家と称する。出自は明確ではないが、先の駿河国道者売券にその名があげられているので、山城時代に宗瑞に仕えた存在と思われる。もうひとつの山中家である近江《おうみ》守家とは別系であった。初代にあたる上野介盛元《もりもと》が宗瑞に仕えたという所伝があり(『寛政重修諸家譜』)、史料的には天文五年頃にみえる山中修理亮が最初になる。「盛元」の子にあたるとされるから、系図での「盛高」にあたるとみられる。これも二代目から史料で確認されている。

山角家は、山城国宇治郡山角(位置不明)の出身というから、宗瑞の在京時代に家臣になったのであろう。宗瑞晩年の永正十五年(一五一八)からみえる対馬入道性徹《つしまにゅうどうしょうてつ》が最初となるが、宗瑞よりも年少であったろうか。性徹は享禄三年(一五三〇)までしかみえず、天文五年頃にみえる弥太郎がその後継者とみられるが(「鶴岡御造営日記」『戦国遺文後北条氏編補遺編』所収）、まだ仮名を称しているにすぎないので、孫にあたる可能性が高い。これがのちの康定にあたるのではないかと思われる。そうであれば氏康よりも年少であったとみてよいであろう。性徹と康定の間の世代については、史料にみることはできないが、天文五年（一五三六）頃にみえる弥太郎が康定で、それが当主になっていたのであれば、康定の父は早くに死去したのかもしれない。

石巻家は、三河国《みかわ》八名郡《やな》石巻郷（愛知県豊橋市）出身の国人であったというから、宗瑞が今川家のもとで三河侵攻を展開するなかで家臣化したものかもしれない。しかし史料にみえるのは、天文二年からの家貞が最初で、すでに官途名（朝廷の官職にちなむ通称）勘解由左衛門尉を称しているので、氏綱よりも下の世代であったとみられる。そうであれば家貞は、北条家臣としては二代目にあたるように思われる。

宗瑞が伊豆に進出して以降のものには、先にあげた堀越公方奉公衆から転じたもの以外で、伊豆の在地出身と考えられるものに、伊豆郡代で伊豆衆寄親の清水家がある。明応三年（一四九四）十二月の伊豆国についての伊勢道者職の売券に、「清水殿・志水殿」があげられており（「種村文書」『静岡県史資料編7』二〇二号）、宗瑞が伊豆に侵攻した翌年にあたる伊豆加納郷《かのう》（静岡県南伊豆町）を本領としていた。宗瑞が伊豆に侵攻した翌年にあたる力であったことがわかる。北条家臣として最初にみえるのが、大永七年（一五二七）の綱吉からであるので、氏綱から偏諱をうけていることからみても、二代目にあたる存在であろう。

そのほか、先にはあがっていないが、やはり寄親として独自の軍団を構成したものに狩野介《かののすけ》がある。狩野介の家系は、駿河と伊豆に展開しており、いずれの家系の出身か明確になってはいないが、本領が伊豆狩野庄《しょう》にあることからすると、伊豆の家系とみなしてよいと思われ、そうであれば伊豆進出後に家臣化したのであろう。狩野介自体は、天文五年頃からみえていて（「鶴岡御造営日記」）、やはりこれも二代目にあたるようである。ただしこの時の配属先は判明していない。

相模・武蔵出身の家老

また相模経略にともなって家臣化したとみられるものに、河越衆で寄親を務めていた太田泰昌の系統がある。同家は藤原姓であるから、鎌倉府奉行人《ぶぎょうにん》の三善《みよし》姓の系統や扇谷上杉家宿老の源姓の系統とは別系統であることはわかるものの、出自は判然としない。相模に本領があるから、相模進出後に家臣化したと思われ、あるいは戦国時代になってからは扇谷上杉家の家臣となっていて、そこから転じたものかもしれない。あるいは応仁《おうにん》二年（一四六八）に駿河今川家の家臣として「大田又三郎」がみえていて（『戦国遺文今川氏編』三〇号）、これが泰昌の先祖にあたる存在であったとすると、もとは今川家臣で、宗瑞に従うようになった可能性も考えられる。

いずれにしても、泰昌も天文三年（一五三四）からみえるので、これも二代目とみられる。当初は玉縄衆の一員であったが、為昌の河越城代化にともなって、河越衆に転じたと思われる。なお同四年に、甲斐山中合戦での戦功を今川氏輝《うじてる》から賞されているが（戦北四四〇五）、もしかしたらもと今川家臣出身ということとかかわっているのかもしれない。

ちなみに泰昌の父とみられる太田豊後守《ぶんごのかみ》という人物が、天文十八年に死去していることが確認されている。泰昌は、すでに同三年からの活躍がみられているが、あるいは同十八年までの動向は、その父のものとする見方もできるかもしれない。ただしその場合、泰昌は、父の死後すぐに豊後守としてみえることとなるが、それ以前に仮名や官途名での所見がみられず、いきなりの登場ということになる。これは不自然といえるので、父豊後守死去以前に、すでに泰昌は家督を継いでいて、父の死去にともなって受領名を襲名したとみるほうが妥当である。

津久井城主の内藤家は、扇谷上杉家の家臣から転じたものである。すでに扇谷上杉家の段階で津久井城主を務めて国衆化していた存在とみられ、北条家に従ったのちもそのまま津久井城主の地位を認められたものであった。大永四年（一五二四）にみえる大和入道が初代で、その子が、享禄三年（一五三〇）から天文二年にみえる朝行《ともゆき》（左近将監《さこんのしょうげん》）で、康行はその子で、同五年からみえている。

同様に扇谷上杉家の重臣出身に、江戸衆寄親の太田資高がある。扇谷上杉家のもとでは江戸城代を務めていて、大永四年の氏綱による同城攻略は資高が従属したことによるものであった。以後は城内の曲輪《くるわ》のひとつ・香月亭を守備する城将として認められている。資高は、父資康《すけやす》が死去した明応七年（一四九八）以前には生まれていたから、氏綱よりも少し年少であったと思われる。従属後には、氏綱から長女の浄心院《じょうしんいん》を妻に迎えて、姻戚関係を結んでいた。

他国出身の家老

相模中郡郡代で諸足軽衆寄親の大藤家は、紀伊根来寺《きいねごろ》の衆徒《しゅと》の出身といい、北条家に鉄炮《てっぽう》を伝えたという伝承をもっているもので、いわゆる傭兵出身と思われる。史料的には享禄四年（一五三一）から、初代栄永がみえている（戦北九七）。栄永が北条家臣に迎えられたのが、宗瑞の段階であったか、氏綱の段階であったかは明確でないが、すでにその頃には諸足軽衆寄親として、最前線での軍事活動を担う存在になっていたようだ。

また確証はないが、河越衆で寄親を務めた山中頼次も、その父近江守（氏頼《うじより》と伝えられる）が、室町幕府管領《かんれい》家の細川澄元《ほそかわすみもと》に仕えて、永正八年（一五一一）の京都船岡山合戦で戦功をあげたが、その後に駿河に下って宗瑞に仕えたという伝承をもっている（『小田原編年録』所収山中系図）。通称に近江守を伝えていることからすると、あるいは近江山中氏の出身で、細川氏や三好《みよし》氏に傭兵として仕え、それが宗瑞に仕えるようになったものかもしれない。

天文五年（一五三六）頃にみえる山中近江守が最初となるが（「鶴岡御造営日記」）、これは同九年にみえる大炊助《おおいのすけ》にあたるとみられるので（「快元僧都記」『戦国遺文後北条氏編補遺編』所収）、表記は後代の通称によるものであったかもしれない。なおそれ以前の天文二年から同五年に伊豆衆であった彦次郎がみえているが（同前）、仮名からすると、その家系が本家筋にあたっていたように思われる。

大炊助・近江守は、二代目にあたった可能性が高いように思われる。またそこでは江戸衆とともにみえているので、その時は江戸衆に属していた可能性が高い。為昌の河越城代化にともない、河越衆に転じたのかもしれない。その子とみられる頼次は同十年からみえている。

松田家と遠山家

家老のなかでも筆頭の立場にあったのが松田家であったが、とはいっても松田家の動向が確認できるのは遅く、盛秀の時からで、それも天文八年（一五三九）からになる（「江戸紀聞」『北区史資料編古代中世2』一五八頁）。「異本小田原記」には、盛秀・

筑前守《ちくぜん》（康定《やすさだ》か）兄弟が西国から相模国人の松田左衛門尉（頼秀《よりひで》か）を訪ねて下ってきて、宗瑞・氏綱に仕えた、という伝承が記されている。

もっとも盛秀は、実名に宗瑞から偏諱をうけていることからわかるように、氏綱と同世代もしくはそれよりも下の世代であったと思われる。そうすると、宗瑞に仕えたのはその父兄弟と思われ、盛秀は二代目であったと考えられる。盛秀は二千貫文近くの所領高を有していたようで、これは譜代《ふだい》家臣では最高となるだけでなく、突出していた。しかも小田原城の後背に位置する苅野庄《かりの》（神奈川県南足柄市）を、一括で一千貫文以上の所領として与えられている。小田原衆の寄親であったのはそれに対応するものであったといえる。おそらく父の段階で、そのように大きな役割を与えられていたと思われる。

ちなみに盛秀は仮名を弥次郎といったが、これは相模松田氏系の仮名となる。出身の備前松田氏の仮名は六郎を基本にしたもので、筑前守の系統はその仮名を称している。このことから、盛秀は宗瑞に仕えるなかで、相模松田氏の家名を継承した存在であったことがわかる。「異本小田原記」の記事は、そうしたことをもとにしているのであろう。また盛秀の妻は、先に触れたように北条綱成の妹であった。北条家の一族と姻戚関係を結んでいるあたりに、その家格の高さがうかがえる。ただし綱成は氏康と同年齢であったから、その妹を妻にしているとすれば、盛秀は、世代的には氏綱と

遠山氏系図

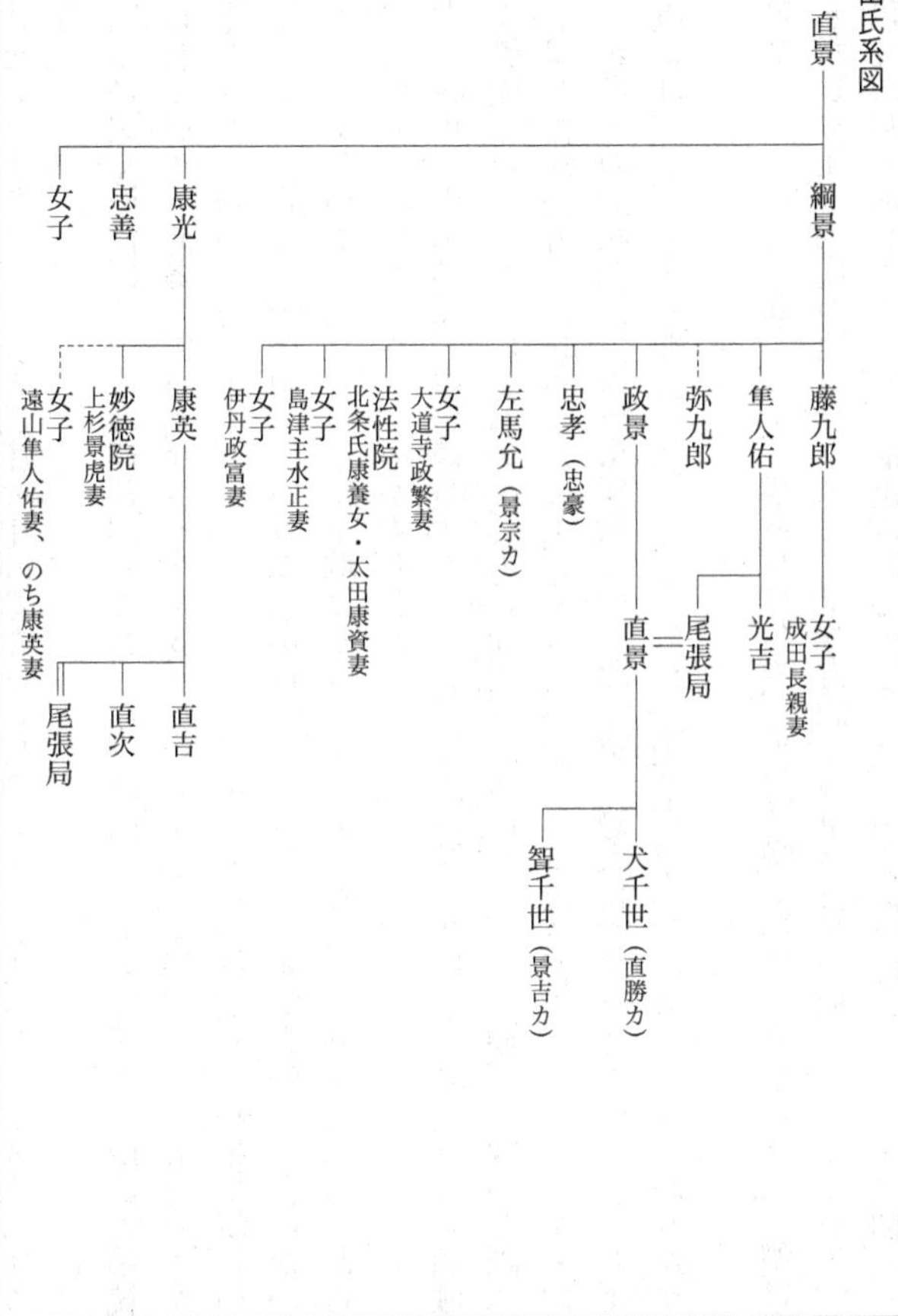

直景
綱景
康光
忠善
女子
藤九郎
女子
成田長親妻
隼人佑
光吉
弥九郎
尾張局
政景
直景
犬千世（直勝カ）
聟千世（景吉カ）
忠孝（忠豪）
左馬允（景宗カ）
女子
大道寺政繁妻
法性院
北条氏康養女・太田康資妻
女子
島津主水正妻
女子
伊丹政富妻
康英
直吉
直次
尾張局
妙徳院
上杉景虎妻
女子
遠山隼人佑妻、のち康英妻

同世代というよりは、それと氏康の中間あたりに位置していたとみるのが妥当のようである。

松田家に次ぐ地位にあったのが遠山家であった。遠山家はもとは美濃《みの》遠山氏の系統とみられていて、北条家臣の初代としてみえるのは直景《なおかげ》で、永正三年（一五〇六）から確認される（戦北一五）。大永三年（一五二三）には、氏綱が修造した箱根権現社の棟札に、家臣として唯一署判していることから、この段階で筆頭家老的な存在になっていたことがわかる。ただし直景は宗瑞よりも年少であったことは確実であろうから、若い段階から宗瑞に重用されたのかもしれない。

翌大永四年に氏綱が江戸領を経略すると、直景は江戸城に在城し、城代として領域支配を管轄した。また、氏綱が古河公方足利高基《こがくぼうあしかがたかもと》（晴氏《はるうじ》の父）との通交を図った際に、この直景が古河公方家に起請文を提出している。さらに享禄二年（一五二九）から同三年にかけての武蔵西部での軍事行動では、北条軍の惣大将を務めてもいる。このように直景は、およそ大永期（一五二一〜）から筆頭家老の立場にあった様子がうかがえる。

直景が天文二年（一五三三）に死去したため、家督は嫡子綱景に継承された。綱景は父と同じく江戸城代の地位を継承し、下総方面での軍事行動を担うなどしている。綱景嫡子藤九郎が大永七年生まれと推定されるので、父である綱景は、およそ永正期（一五〇四〜）初め頃の生まれと推測され、氏綱と氏康の間の世代にあたっている。

綱景は、氏康が当主となった直後の天文十年十一月、津久井領の領主内藤康行と並んで、大檀那《おおだんな》として津久井領八菅《はすげ》山権現を修造している（戦北二〇四）。氏康の名こそないものの、修造は氏康の支援によるものとみられ、大檀那として綱景の名が出ているのはそのためであろう。さらに同十九年閏五月の、氏康による伊豆山権現社への鰐口《わにぐち》寄進では家臣筆頭としてみえているので（戦北三七四）、氏康の時代の当初から、有力家老として位置していたことがうかがわれる。そして同年か翌年に家老最年長の大道寺盛昌が死去すると、綱景が筆頭家老的な立場になったと考えられる。

太田越前守の取り立て

氏康は家督を継いでから、家老の構成やそこでの役割分担については、父氏綱段階でのものを基本的には継承していた。翌年、大きな役割を担っていた弟為昌が死去してしまったため、それへの対応のために人事変更を行ったものの、その内容は有力者によって補塡《ほてん》するともいうべきものであったといえ、基本路線の変更はなかったといえるであろう。

そうしたなかで、家督を継いでから大きく変更を加えたことがある。それは江戸衆の寄親のひとりであった太田資高の有力家臣の太田越前守宗真《そうしん》（法名）を、直臣にするだけでなく、江戸衆の寄親のひとりにまで取り立てたことである。太田宗真は、三善姓太田氏であったから、もとは鎌倉府奉行人の系統であったとみられ、それが戦国時代になって相模・武蔵南部を領国化した扇谷上杉家の家臣になり、その系統がやがて、同家の家宰《かさい》を務め、以後も宿老として存在していた太田資高に、与力として付属されていたものと思われる。

資高は、先にも少し触れたように、大永四年（一五二四）に氏綱が江戸領を経略した際は江戸城代を務めていて、氏綱に従属したのであった。資高は、扇谷上杉家の宿老かつ江戸城代として、江戸領に二千貫文ほどの所領を有していたが、氏綱からはほぼそのまま安堵《あんど》され、さらには江戸衆の寄親、城将のひとりとして認められたのであった。いわば氏綱にとって江戸領攻略における最大の功労者として認識されたのであった。

そしてそれに対応するように、享禄三年（一五三〇）までに、長女と思われる娘（浄心院）を、資高の後妻として婚姻関係を結んでいる。氏綱が、今川家関係者以外の他家と婚姻関係を結ぶのは、これが最初の事例となるから、氏綱がいかに資高の存在を重視していたかがわかるであろう。そして同四年に、両者の間に康資（新六郎）が生まれる。資高にとっては次男であり、すでに長男として景資《かげすけ》（源七郎・左衛門尉）が存在していたが、資高は北条家との婚姻関係を重視してこの康資を嫡子に定めるのである。

　太田宗真が、資高の与力家臣になったのがいつかはわからないが、氏綱生前の天文八年の時点では、すでにその同心という立場にあったことが確認される（戦北一六二）。ところが氏康が家督を継いだあとの同十二年十一月には、氏康の直臣となっている（戦北二四二）。そこで宗真は、古河公方足利晴氏の宿老の簗田高助《やなだたかすけ》への取次を務めている。古河公方足利家については、氏綱生前の天文八年に、氏綱の四女とみられる娘（芳春院殿《ほうしゅんいんでん》）が足利晴氏との婚約を成立させ、同九年に婚姻していた。宗真が取次を務めた同十二年には、その間の長男となる梅千代王丸《うめちよおうまる》（のち義氏《よしうじ》）が誕生していた。なお梅千代王丸は、晴氏にとっては三男か四男にあたる末子であったが、北条家の血統を引いていることをもって、のちに晴氏の跡を継いで古河公方に就くことになる。

　ここで太田宗真がなぜ古河公方家への取次を務めているのか、言い換えればなぜ氏康はその取次に宗真を抜擢《ばってき》することになったのかはわからない。しかしこののちも、宗真が古河公方家への取次を務めつづけていくところをみると、自身か父祖に、そのような取次にあたるにふさわしい実績があったのであろう。またここで氏康が、そのように取次を担う家臣を充実化させているのは、氏康にとって梅千代王丸の誕生により、古河公方家との新たな関係の構築が課題となり、それへの対処であったことがうかがえる。

氏康は、基本的には家老の在り方については、父氏綱以来のものを継承していたが、このように弟為昌の死去や、古河公方家との関係の変化などといった事態の変化に対応して、新たな要素を加えていったことがみてとれる。ただし、この太田宗真の引き抜きともいえる事態は、のちに太田康資との間で深刻な問題を生み出すことになるのであった。

なお宗真そのものは、二年後の同十四年三月を最後にして、史料からみられなくなっている（「東国紀行」『北区史資料編古代中世2』一五八頁）。同時に嫡子弥太郎がみえているが、それがのちの永禄二年（一五五九）までのうちに家督を継いで、大膳亮《だいぜんのすけ》（のち越前守）を名乗っている。その妻は、江戸城代遠山綱景の娘と伝えられているので、綱景と密接な関係を形成したことがわかる。いうまでもなくそれは氏康の計らいであったと考えられる。ともに江戸衆寄親、古河公方家への取次にあたっているもの同士として、親密な関係の形成を促そうとしたものと思われる。

第二章　両上杉家の打倒と北関東への進出

軍事行動の再開

氏康《うじやす》は天文《てんぶん》十年（一五四一）七月に、父氏綱《うじつな》の死去によって北条家三代目当主を継いだが、当初は積極的には軍事行動を展開していない。わずかにその年の十月から十一月にかけて、江戸領・河越《かわごえ》領に侵攻してきた扇谷《おうぎがやつ》上杉《うえすぎ》家の軍勢を撃退し、十二月に攻撃への報復として、同家に味方した山内《やまのうち》上杉《うえすぎ》家の領国であった北武蔵《むさし》の本庄《ほんじょう》領まで侵攻していることがみられたにすぎなかった（戦北四六二六）。翌年には軍事行動は確認されていない。この頃の氏康は、家督を継承したことにともなう代替わりの政治をすすめるのに集中していた感がある。

天文十二年、従属する関係にあった上総《かずさ》真里谷《まりやつ》武田《たけだ》家で内訌《ないこう》が生じ、氏康を頼る勢力と、安房《あわ》里見《さとみ》家を頼る勢力に分裂した。そのため氏康は支援要請をしてきた勢力に援軍を派遣するが、それが里見家との抗争を展開していくことになる。そして翌同十三年九月から十月にかけて、氏康は安房に軍勢を侵攻させるが、そこで惣《そう》大将を務めたのが、義弟の綱成《つなしげ》であった（戦北二四九）。為昌《ためまさ》の死去にともない、そのような役割を果たすことができる御《ご》一家衆《いっかしゅう》が宗哲《そうてつ》のみになったため綱成の取り立てがあったのだが、早くもそれが実現されているのである。これ以後、綱成はしばしば一軍の将として活躍をみせていくことになる。

ちなみに綱成は、その後の同十七年から官途名左衛門大夫《さえもんのだいぶ》を称するようになっている（北条補遺五）。なお綱成には、弟に綱房《つなふさ》がいた。この綱房も、兄と同時に仮名孫次郎《まごじろう》から官途名刑部少輔《ぎょうぶのしょう》に改称している。しかし綱房の動向は、同十八年を最後にしてみられなくなっている（戦北三五五）。政治的な活動について、具体的な動向は確認されないので、その後しばらくして死去してしまったのかもしれない。本来であれば、綱成につづいて御一家衆としての活躍が期待されたのであろうが、その実現をみることはなかったようである。

さて氏康は、天文十三年になると、四月から松山《まつやま》領・岩付《いわつき》領を領国とした扇谷上杉家との抗争、さらにはすでに春（正月～三月）からそれを支援する山内上杉家との抗争を本格化させていっている（戦北二四五・二五七）。それとともに注目されるのは、同年正月に氏康が、側近家臣の桑原盛正《くわばらもりまさ》を甲斐甲府《かいこうふ》（山梨県甲府市）に派遣して、武田《たけだ》晴信《はるのぶ》との和睦《わぼく》を成立させていることである（「勝山記」）。甲斐武田家は、祖父宗瑞《そうずい》以来敵対関係にあった存在で、前代の信虎《のぶとら》の時期には、関東では扇谷・山内両上杉家と同盟を結び、駿河《するが》では今川《いまがわ》家と同盟を結んで、氏綱に対抗していた。

ところが同十年六月に嫡子晴信がクーデターによって父信虎を追放し、家督を継いでからは、目立った抗争は生じていなかった。またその年、山内上杉家が武田領国になっていた信濃佐久郡《しなのさく》に侵攻したことから、山内上杉家との関係が不安定なものとなり、さらに同十一年から晴信は信濃侵攻をすすめていた。氏康と晴信は、山内上杉家を共通の敵とするようになって、それがここでの和睦成立にいたったものと思われる。

駿河河東からの撤退

天文十四年（一五四五）になると、氏康は両上杉家への攻勢を強めていき、五月には、山内上杉方の国衆《くにしゅう》であった忍《おし》領の成田長泰《なりたながやす》を従属させることになる。山内上杉憲《のり》政《まさ》は、それへの報復として、北条領国への侵攻を図るようになった。扇谷上杉朝定《ともさだ》と連携するだけでなく、氏康とは義兄弟の関係にあった古河《こが》公方《くぼう》足利晴氏《あしかがはるうじ》にも出陣を要請した。足利晴氏は、近いうちに出陣するとの回答を与えたらしい。晴氏がなぜここで氏康の敵対勢力に協力する姿勢をみせたのかはわからないが、梅千代王丸《うめちよおうまる》の誕生以来、氏康からの干渉が強まっていて、それに否定的な姿勢をとるようになっていたためかもしれない。

こうした山内上杉家などの侵攻に備えて、氏康は、御一家衆の宗哲と綱成の二人を、援軍として河越城に派遣する。一般的には、この時の援軍は綱成だけと思われていることが多いが、じつは宗哲も同様に派遣されたとみられる（「太田資武状」『北区史資料編古代中世2』一二〇頁）。両者はそれぞれ、氏康に代わって一軍の将を務めることができる存在であったが、それを二人とも派遣しているということは、氏康がこの時の山内上杉家らの侵攻を重大なこととして受けとめていたことをうかがわせる。両者は翌年四月の河越合戦まで河越城に籠城《ろうじょう》するが、この両者が同城に在城できるのは、山内上杉家らの侵攻がある以前のこととみられるので、事前に派遣されていたものと思われる。

そうしたなか七月になって、駿河河東《かとう》をめぐって敵対関係にあった駿河今川義元《よしもと》から、和睦の要請があった。しかし条件が認められないものであったためか、氏康は拒否した。すると同月末には、今川義元はそれへの報復として、河東地域への侵攻を展開してくるのである。北条家の河東領有は、御厨《みくりや》地域の垪和《はが》家、駿東《すんとう》郡南部の葛山《かつらやま》家、富士郡北部の富士《ふじ》家といった国衆を従属させ、富士郡南部に吉原《よしわら》城（静岡県富士市）を拠点にして、展開されたものであった。しかし遅くても前年には、富士家は今川家への従属に転じていたらしい。義元が攻勢に出てきたのは、そうした背景があったからであろう。

ここで最前線の吉原城に在城していたのは、松田盛秀《まつだもりひで》と狩野介《かののすけ》であった。松田盛秀は小田原衆の寄親《よりおや》であった。いつから同城に派遣されていたのかはわからないが、天文八年には武蔵浅草寺《せんそうじ》（東京都台東区）に奉加しているので、その時には小田原にあったとみられ、吉原城への赴任はその後のことになる。今川家との軍事情勢の緊迫化にともなって派遣されたのかもしれない。他方の狩野介は、このあとには寄親のひとりとして確認されるので、すでにこの時点においてもそうであったとみられる。これもいつから派遣されていたのかはわからないが、河東一乱の展開以降は、相模《さがみ》などでの活動が確認されないので、あるいは当初から同城に派遣されていたのかもしれない。

狩野介は、前章で少し触れたように、伊豆《いず》の系統とみられる。伊勢宗瑞が伊豆に侵攻した際、狩野庄の領主であった狩野道一《どういち》(法名)が頑強に抵抗していた。おそらく明応《めいおう》七年(一四九八)に堀越公方足利茶々丸《ほりごえくぼうあしかがちゃちゃまる》が滅亡する前後に、道一の一族も宗瑞に従ったと思われる。ちなみに宗瑞四男の宗哲の母(善修寺殿《ぜんしゆうじでん》)は、狩野氏の本拠であった柿木《かきき》郷(静岡県伊豆市)の隣郷の大平《おおだいら》郷に所領を有しており、狩野氏の出身とする所伝がある(「駿河大宅高橋家過去帳一切」拙編『伊勢宗瑞』)。そうであれば彼女が宗瑞に嫁したのは、明応七年以降の可能性が高く、そうすると宗哲の誕生は、やはりそれ以降とみられることになる。

それはともかくとしても、狩野介の系統は、宗瑞に従った狩野氏一族のなかで、惣領《そうりょう》的な立場を認められたらしく、そのため狩野氏惣領を意味する狩野介の称号を称していると思われる。なおここにみえる狩野介は、先にも触れたように二代目にあたると思われる。

義元は河東への侵攻にあたって、同盟関係にあった武田晴信にも出陣を要請し、晴信はそれを容《い》れて九月になって富士郡に進軍してきた。すると十六日、吉原城の在城衆は同城を開城して、氏康が陣する伊豆三島《みしま》（静岡県三島市）まで後退するのである。これはおそらく、駿東郡南部の国衆であった葛山氏元《うじもと》（氏綱弟氏広《うじひろ》の養子で、氏康の妹婿）が、今川家への従属に転じたことで、同城の維持が困難となったためと思われる。そして月末に今川・武田軍は伊豆国境まで進軍してきた。

ちょうどその時期に、山内上杉憲政と扇谷上杉朝定が、協同して軍事行動を展開し、河越城に侵攻してきて、河越城では籠城戦を展開することになった。さらに上杉両家は古河公方足利晴氏に出陣を要請したのである。十月に入って氏康は、武田晴信に和睦の仲介を依頼し、月末には今川家との和睦が成立する。ちょうど同じ頃、足利晴氏が両上杉家からの出陣要請を容れて出陣し、河越城包囲陣に参加してきた。十一月初め、氏康は河東一帯を今川家に割譲して帰陣する。

こうして氏康は、河東での今川家・武田家との対峙《たいじ》、河越城での両上杉家・古河公方家による包囲という、腹背両面に敵をうけるなかで、河東一帯から全面撤退することと引き替えに今川家との和睦を成立させた。これにより氏綱の時の天文六年以来、九年にわたって領有を続けていた河東を、ついに手放すのである。

河越合戦の勝利

両上杉家と古河公方家による河越城包囲は、その後も継続されていた。翌天文十五年（一五四六）三月になって、氏康は、江戸城代《じょうだい》遠山綱景《とおやまつなかげ》を通じて、扇谷上杉家の宿《しゅく》老《ろう》で岩付《いわつき》城主であった太田《おおた》全鑑《ぜんかん》（法名、実名は資顕《すけあき》・資時《すけとき》、左京亮《さきょうのすけ》・信濃守《しなののかみ》）を従属させることに成功した。これにより岩付領が味方に付き、扇谷上杉家の領国は本拠となっていた松山城（埼玉県吉見町）が所在する松山領のみとなった。そして四月十七日、ついに河越城救援のために小田原城を出陣した。

氏康は河越砂窪《すなくぼ》に着陣すると、古河公方足利晴氏に、河越城の開城を申し入れるが、晴氏からは拒否された。氏康としては、足利晴氏はあくまでも主筋《しゅすじ》にあたったので、慇懃《いんぎん》な姿勢をとったのであった。しかし二十日、こうした氏康の姿勢を弱腰とみた山内上杉憲政が氏康の陣所に攻撃をかけてくる。氏康はこれを撃退、城内からも軍勢が出城して反撃し、勝利した。ここで扇谷上杉朝定は戦死し、扇谷上杉家は滅亡した。山内上杉憲政と古河公方足利晴氏はそれぞれ敗走した。

氏康は、両上杉家と古河公方家に対して直接に軍事勝利をあげ、なおかつ両上杉家のひとつであった扇谷上杉家を滅亡させたのであった。古河公方家と両上杉家はともに、室町時代以来の関東武家勢力の秩序を体現する存在であったから、ここに軍事勝利をあげたことは、関東政界における政治秩序の大きな変動を決定づけるものとなった。このあとは、北条家がそのような関東における政治秩序の大きな核となっていくことになる。

合戦後、氏康は敗走する軍勢を追撃させたとみられ、それにともなって扇谷上杉家の本拠の松山城をも攻略した。扇谷上杉家では、当主朝定の戦死によって、家臣たちはすべて逃走したらしい。実際に松山城を攻略したのは、垪和左衛門大夫（のち伊予《いよ》守）であった（「太田資武状」）。

この垪和家は、それまでは駿河河東の御厨地域の国衆として存在し、北条家に従属する立場にあったとみられる。もとは室町幕府奉公衆《ほうこうしゅう》の出身で、松田家や遠山家と同じく堀越公方足利家の奉公衆になっていたものが、同家と伊勢宗瑞との抗争のなかで、御厨地域を領有する国衆となり、堀越公方家滅亡後もそのまま国衆として存在して今川家に従属し、次いで河東一乱（河東をめぐる北条家と今川家の抗争）により北条家に従属したと推測される（拙稿「小田原北条家の相模経略」）。

北条家臣としてみえるようになるのは、天文十一年九月が最初で、氏康は垪和又太郎（のち左衛門大夫・伊予守）に、相模東郡での所領と御厨における所領への国役賦課《くにやくふか》の免除を認めている（戦北二一七）。又太郎がこれ以前に、東郡で所領を与えられていたことと、所領は国役の賦課対象とされていることから、家臣化していたことがわかる。そして同十四年における河東からの撤退にともなって、北条領国に移住してきたと思われる。その時点で、独自の軍団を構成する寄親の地位が認められていたとみられ、松山城攻略もそのようにして果たしたものであろう。

埣和左衛門大夫はその後、そのまま松山城に在城し城将を務めた。また直後の七月から、通称が左衛門大夫とみえるので、それにともなって同官途名を氏康から与えられたものと思われる。なお松山城の在城衆を代表したのが、この埣和左衛門大夫であったことはわかるが、その他の軍団も配属されたのかどうかはわからない。しかしそれから二ヵ月後の九月末、扇谷上杉家旧臣の太田資正《すけまさ》（全鑑の弟、源五郎・美濃守《みの》）に松山城を攻略されてしまい、後退を余儀なくされている。その際に、埣和左衛門大夫がどこに後退したのかまでは明確ではないが、ともかくも埣和家が寄親の立場に加わることによって、北条軍の構成はさらに一手が増加したことになる。

松山衆の成立

天文十六年（一五四七）十月に、岩付城の太田全鑑が後継者がいないまま死去したことをうけて、十二月になって松山城に拠《よ》っていた弟の資正が、実力で岩付城を経略し、岩付太田家の家督を継承した。その際、松山城には同じ扇谷上杉家旧臣の上田朝直《うえだともなお》（又次郎・左近《さこん》大夫・能登守《のと》・案独斎《あんどくさい》・宗調《そうちょう》）を置いた。これにともなって岩付太田家の系譜は、全鑑から資正へと移行することになった。資正による乗っ取りが成功したのには、太田家の家中に、それを支持する勢力があったからである。

ところで岩付太田家と、北条家の側でそれへの「指南《しなん》」を務めていた遠山家では、前年の太田全鑑の従属をうけて、全鑑の娘が綱景の嫡子藤九郎《とうくろう》に嫁すという姻戚《いんせき》関係を形成していた。この年に二人の間に一女が生まれたが、藤九郎がこの年に死去してしまったため、藤九郎の後室は娘ともども岩付太田家に戻っていた。そうしたところに資正による乗っ取りが生じたのであった。全鑑の後室は、忍の成田長泰の姉妹であり、その成田家は北条家に従属する関係にあったため、長泰は、姉妹の全鑑後室と、その娘の遠山藤九郎後室、そしてその娘を、成田家に引き取ることを資正に申し入れ、資正もそれを容れて彼女らは成田家に移った。

北条家は従属する国衆に対して、取次を固定していて、それを「指南」と称していた。指南は、担当する国衆に対して、北条家からの政治統制を担い、あるいは軍事動員した際にはそれを指揮ないし監督した。また国衆からの北条家に対する要請などをうけて、その実現に尽力する役割を果たした。ここで遠山家と岩付太田家との間で姻戚関係が形成されているのは、そうした関係に基づくとみられる。そしてこのことから、指南とそれが担当する国衆との間には、そのような姻戚関係が形成されることは珍しくないと認識することができる。

さて氏康は、太田資正によって岩付城を攻略されると、まずは松山城奪回を図った。そうすると上田朝直はすぐに従属してきた。これにより氏康は再び松山城を経略した。そして同城には、以前に城将を務めた垪和左衛門大夫を置くだけでなく、河越衆であった太田泰昌《やすまさ》、かつて駿河吉原城将であった狩野介をも配備した。こうして新たに三手の軍団による、松山衆が成立した。

また従属してきた上田朝直については、おそらく松山城への在城についてはそのまま認めたものと思われる。しかし松山領については、東半分は北条家の領有とされて、埘和家ら在城衆に所領として与えられ、上田家の所領はおもに西半分の地域に限定されることとなる。これにより氏康は、北条家の直接的な領国を松山領にまで拡大し、松山城に在城衆を配備して、同領の防衛にあたらせるのであった。

氏康は松山城を攻略すると、そのまま岩付城への攻撃に転じ、翌同十七年正月に、太田資正を従属させる。これにより再び岩付領は北条方となった。岩付太田家は、岩付領の領国をそのまま安堵《あんど》され、同家は国衆として存在することになる。またそれにともなって、親北条派の家臣は岩付城を出城し、「指南」であった江戸城代遠山綱景を頼って、北条家の家臣となり、綱景の同心に編成されることになる。

ともかくもこれにより、扇谷上杉家の旧臣勢力は最終的に消滅することになり、氏康は、さらに山内上杉家勢力の攻略をすすめていくことになった。すでに忍領の成田家を従属させており、同十七年には上野国峰《こうずけくにみね》領の小幡憲重《おばたのりしげ》、同十八年には武蔵花園《はなぞの》領の藤田泰邦《ふじたやすくに》、同深谷《ふかや》領の上杉憲賢《のりかた》を従属させている。そうして同十九年からは、山内上杉家の本拠であった上野平井《ひらい》城（群馬県藤岡市）への攻撃を行うことになった。

国衆への指南を務める家老たち

こうして氏康は、河越合戦での勝利から、わずか三年のうちに、松山上田家・岩付太田家・忍成田家・花園藤田家・深谷上杉家といった、北武蔵の国衆を相次いで従属させるにいたる。そうしたなかの天文十八年（一五四九）、氏康は松田家に、勝沼《かつぬま》領と松山領でそれぞれ五百貫文、合わせて一千貫文の所領を与えている（「役帳」）。この時の当主はまだ盛秀であったから、これは盛秀に対してのものと思われる。これにより盛秀は、三千貫文近い所領を有することとなった。その所領高は、譜代家臣のなかでは図抜けたものであった。

盛秀がここで国衆領であった勝沼領と松山領で、大きな所領を与えられている直接の理由は明確ではない。ただしその後において松田家は、それぞれの国衆である三田《みた》家と上田家に対して指南を務めているから、ここでそれらの領国で所領を与えられているのは、それにともなってのものと考えられる。指南は、国衆が北条家に従属する際に取次を務めることから成立するものであったから、松田家は両家の従属をとりもったものであろう。

上田家は、先にみたように天文十六年十二月に従属したが、おそらくその際に、盛秀が取次をしたのであろう。それに対して三田家は、早く大永《だいえい》四年（一五二四）には

ということは、それらの所領が、三田家から北条家に進上されたことを意味している。従属しており、その頃の指南は江戸城代の遠山直景《なおかげ》であったと思われる。ということはその間に、指南に交代があったことになる。しかも勝沼領で所領を与えられている

しかし通常、このように大規模に所領が進上されるのは、敵対して降伏した末のことであること、天文十八年にそれが盛秀に与えられているということから、その進上そのものが、それよりあまりさかのぼらない時期のこととみるのが妥当である。そうすると、三田家は河越合戦前後に北条家から離叛《りはん》し、その後に再び従属してきた可能性が想定される。おそらくその時に、盛秀が従属のための取次をしたのであろう。

また松田家の松山領における役割は、上田家への指南にとどまるものではなく、松山領における領域支配をも管轄するものであった。その役割が郡代《ぐんだい》であったのかどうかまでは確定できないが、少なくとも北条家当主による領域支配において、在地との取次にあたっていたことは確認される。ともかくも北条家による松山領支配は、松田家を通じて展開されるようになったことは確実である。これによって松田家は、新たに松山領支配を管轄するようになったとみられる。ちなみにこの松山領支配へのかかわりについては、その後の元亀《げんき》二年（一五七一）から天正《てんしょう》元年（一五七三）の間に、松山領全体が上田家に領国として与えられ、国衆領に転換されるのにともなって終わりを迎えることになる。

このように松田家は、勝沼三田家と松山上田家に対して指南を務めていたのであるが、その他の国衆についてはどうであったろうか。

由井《ゆい》大石《おおいし》家は、遅くても大永四年には北条家に従属していたが、誰が指南を務めたのかは明らかになっていない。天文十四年に従属した忍成田家についても、この時期における指南は明らかではない。同十五年に従属してきた岩付太田全鑑については、先に触れたように江戸城代の遠山綱景が務めたとみなされる。ただし同家は、弟資正の乗っ取りにより北条家と敵対関係となり、同十七年に再び従属してくるが、以後は玉縄《たまなわ》北条綱成が指南を務めたと推定される。したがって資正の従属にあたっては、その綱成が取次を務めたものと思われる。

また同十八年までに従属した花園藤田家については明らかではないが、深谷上杉家についてはその後に河越城代の大道寺《だいどうじ》家が指南を務めているので、その従属にあたっては大道寺盛昌《もりまさ》が取次にあたったことがうかがわれる。そのほか、早くから北条家と盟約関係にあったものに下総《しもうさ》佐倉《さくら》千葉《ちば》家があるが、それへの取次は江戸城代の遠山家が務めている。同様の存在に上総真里谷武田家があったが、それへの取次は明らかではない。

このように、従属する国衆に対する指南や、盟約関係にある国衆に対する取次を務めたのは、御一家衆の北条綱成、「一族」の家格にあった有力家老の松田家・遠山家・大道寺家であったことがわかる。そしてこのあと、北条家の領国拡大にともなって、さらに多くの国衆が従属することになるが、指南を務めたのは、ここでの状況と変わらず、御一家衆と「一族」の家格にある家老三家だけである。このことから国衆への指南は、御一家衆と「一族」の家老三家に限定された役割であったことがわかる。

御一家衆は、当主の分身として、軍事行動においてその代行を務める存在であり、「一族」の家老三家は、それに準じる存在であった。国衆への指南は、それへの軍事指揮をともなった。そのため、そのように当主の代行を果たせる立場にあったもののみが務めることができた、と思われる。

評定衆の編成

天文十九年（一五五〇）四月一日、氏康は、伊豆・相模・武蔵南部にわたる領国のすべての村落に対して、「公事赦免令《くじしゃめんれい》」を発令した。これは前年の地震災害によるとみられる、村落の不作状況をうけての百姓の「退転《たいてん》」（逃げ出して他所へ移住）状況にあって、減税をともなう税制改革、領主の公事賦課の制限、徳政《とくせい》（債務破棄）などにより、村を離れた百姓をもとの村に帰村させようとするものであった。そのなかで、地頭《じとう》（給人）・代官といった領主の公事賦課を制限するにあたって、そのような賦課をうけた場合に、そのことを直接北条家に訴訟することができるようにと、すべての村落に大名家への直接訴訟権を認めた。これを「目安制《めやすせい》」と称している（拙著『戦国大名の危機管理』）。

これにともなって、「目安制」に基づいた訴訟に対応する裁判制度が整備されることになった。案件ごとに審理を担当する「評定衆《ひょうじょうしゅう》」が編成され、裁決は北条家当主が出席する定例の評定が開催されてそこで行うことにされた。裁決結果は、原告・被告双方に対して、評定衆が作成し署判した判決書に、当主使用の虎《とら》朱印を押捺《おうなつ》する「裁許《さいきょ》朱印状」と称される、新しい書式の印判状で通達された。

裁許朱印状そのものは、少しあとになる弘治《こうじ》元年（一五五五）から残っているが、そこに評定衆としてみえているのは、弘治元年に石巻家貞《いしまきいえさだ》、笠原美作守《かさはらみまさかのかみ》・清水康英《しみずやすひで》の連名、狩野泰光《かのやすみつ》（大膳亮《だいぜんのすけ》・飛驒《ひだ》守）、同二年に石巻家貞、永禄《えいろく》二年（一五五九）に狩野泰光、同三年に狩野泰光の二通、同七年に狩野泰光、同九年に狩野泰光の三通、山中康豊《やすとよ》、同十一年に狩野泰光、石巻家種《いえたね》（もと家貞）、という具合になっている。

このうち笠原・清水の連名と山中康豊が署判しているものは、それぞれ伊豆、三浦郡にかかわる案件のものであった。そのため彼らは、自身の領域支配にかかわる案件のみに参加したものと思われる。そこから、この時期の評定衆として基本的な存在であったのは、石巻家貞と狩野泰光であったといえよう。

石巻家貞は、すでにみてきたように、西郡郡代であるとともに、御馬廻衆《おうままわりしゅう》寄親のひとりであった。そして新たに登場してきたことになる狩野泰光は、石巻家貞と同じ軍団に属していた氏康側近の家臣である。史料にみられるのは、この弘治元年が最初であった。狩野介の一族とは思われるが、具体的な関係は不明である。狩野介の一族で、北条家当主に近侍《きんじ》するものがおり、その系統にあたったと思われる。年齢も不明であるが、小田原合戦まで生存しているので、氏康よりはいくぶん年少であったと思われる。

ここに新たに設けられた評定衆という制度で、狩野泰光が登場するようになった。彼が家老の立場を認められたかどうかは確定できないが、他の評定衆はすべて家老であった。また永禄十二年以降になると、その構成者に入れ替わりがみられていくが、そこでもそれらは家老であった。そうしたことからすると、評定衆の構成員は家老であったとみてよいと思う。基本的な評定衆は、御馬廻衆から出ることとなっていたから、御馬廻衆で家老になったものが評定衆を務めたと考えられる。

したがって、狩野泰光も新たに家老に取り立てられて、評定衆を務めるようになった、とみることができるであろう。そうであればこの場合は、氏康が、側近家臣のなかから初めて新たな家老を取り立てた、ということになる。そしてこれは行政制度の拡大にともなって、それへの対応として生じたものとみることができるであろう。

古河公方足利家との一体化

さらに天文十九年（一五五〇）になると、古河公方足利家の領国の後背地域に展開する国衆と盟約をすすめ、軍事支援を求められる状況がみられた。すなわち同年閏《うるう》五月、下総結城政勝《ゆうきまさかつ》は、隣接する常陸《ひたち》小田《おだ》氏治《うじはる》との抗争にあたり、氏康に支援を求めてきている。しかもちょうどこの時期、氏康は、妹芳春院殿《ほうしゅんいんでん》とその所生の梅千代王丸を、下総のなかで唯一北条領国となっていた葛西《かさい》城（東京都葛飾区）に移住させることを計画していた。河越合戦以来、氏康と古河公方足利晴氏との政治関係が悪化していたなか、氏康は、北条家の血統を引く梅千代王丸を、北条領国に引き取ることを考えたのである。

古河公方・北条家の関係系図

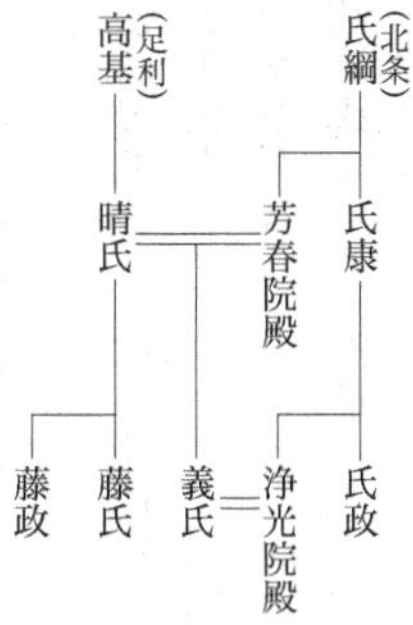

氏康と足利晴氏の政治関係は、その後、氏康の意向にそいながら改善がすすめられたらしく、翌二十年十二月には、氏康は江戸城に赴き、そこで足利晴氏の宿老簗田《やなだ》晴助《はるすけ》との間で、互いに別心を抱かない旨などを誓約した起請文《きしょうもん》を交換している。すなわち氏康と晴氏との和解がなったのである。そしてすでにこの時点で、

梅千代王丸は葛西城に移住していたことがうかがわれる。というのはこの時、氏康は晴氏について「古河上意様」と称していて、わざわざ「古河」の地名を冠して呼んでいるからである。しかも晴氏はこの頃、葛西城に在城した時期があったから、芳春院殿と梅千代王丸は、この時に葛西城に移住し、晴氏もそれに同行してきて、そこで起請文の交換がなされた可能性がある。

足利晴氏との政治関係の改善を果たした氏康は、そのまま山内上杉家攻撃の準備をすすめ、同二十一年二月から北武蔵に出陣し、山内上杉方の最前線であった武蔵御嶽《みたけ》城（埼玉県神川町）を攻撃、三月初めに攻略し、続いて上野侵攻の姿勢をとった。すると山内上杉家に従っていた東上野国衆の赤石那波宗俊《なわむねとし》や西上野国衆、さらに上杉憲政の馬廻衆も離叛して氏康に従属したため、上杉憲政は本拠の平井城から退去した。憲政は白井《しろい》長尾憲景《ながおのりかげ》を頼って北上野の白井城（群馬県渋川市）に逃れたものの、態勢を挽回《ばんかい》できなかったため、五月には同城を退去し、越後《えちご》の長尾景虎《かげとら》（のち上杉政虎《まさとら》・輝虎《てるとら》、法名謙信《けんしん》）を頼って越後に没落した。

ただしこれで山内上杉家の勢力がまったく消滅したわけではなく、東上野の新田横瀬《よこぜ》（のち由良《ゆら》）成繁《なりしげ》、下野《しもつけ》の足利長尾当長《まさなが》（のち景長《かげなが》）や佐野豊綱《さのとよつな》らは山内方として、北条方に転じた上野の館林《たてばやし》赤井家や下野の藤岡茂呂《もろ》家などとの抗争を展開していたし、北上野吾妻《あがつま》領の岩下斎藤家も依然として山内方であった。上杉憲政もただちに長尾景虎に関東への出陣を要請し、景虎はこれを容れて早くも五月には先陣を上野に進軍させ、七月には自身も上野に進軍してきて、十月頃まで上野に在陣するのであった。これをうけて氏康も、九月上旬には再び上野に出陣し、景虎が退陣したのちも十二月まで上野に在陣しつづけた。この時に氏康と長尾景虎との対戦があったかどうかはわからないが、ここに氏康は、新たな敵対者として長尾景虎を迎えることになった。

とはいえ、山内上杉家を関東から没落させたことにより、氏康は名実ともに唯一の関東管領《かんれい》として確立することになった。関東管領は、室町時代において鎌倉公方の補佐役の役職であり、室町時代後期からは山内上杉家の家職になっていた。その政治秩序は戦国時代になっても変わらず、鎌倉公方の後継である古河公方足利家のもとでも同様であった。ところが天文七年に、第一次国府台《こうのだい》合戦の戦功により北条氏綱が足利晴氏から同職に任じられたことで、山内上杉家と北条家の二つの関東管領が併存する状況が生まれ、これまでその状況がつづいていたのであった。ここに一方の山内上杉家が関東から没落したことで、北条家のみが、関東管領として存在するようになったのである。

そしてこの事態をうけて、十二月十二日、足利晴氏は、氏康との敵対時に嫡子にしていた長男藤氏《ふじうじ》を廃嫡《はいちゃく》し、葛西城にいた末子の梅千代王丸に古河公方足利家の家督を譲るのである。こうして北条家の血統を引く公方家の男子が古河公方となった。ここに古河公方足利梅千代王丸と関東管領北条氏康という新たな政治秩序が成立すること になり、北条家は古河公方家と一体的な関係を構築したといえる。しかも梅千代王丸はまだ十歳にすぎず、かつ氏康の甥《おい》であったから、公方家の意向は事実上、氏康のそれによるものとなった。この後、氏康はそのような立場から、まだ従属する関係にはなかった北関東の国衆たちにも大きな影響力をおよぼしていくのであった。

また直後の十二月十四日には、十一月七日に上総真里谷武田家の当主信応《のぶまさ》が死去するが、後継者がいなかったらしく、氏康は真里谷武田家の領国を接収している（戦北四二四）。ここに北条家の領国は、上総にまで展開されることになった。ただ同家の領国をめぐっては、すでに安房里見家との間で抗争が展開されていた。氏康が、真里谷武田家の後嗣を立てなかったのか、後嗣を立てながらも後見というかたちで領国を接収したのかはわからない。この時期の慣習からすると後者の可能性が高いかもしれないが、具体的な後嗣の存在は不明である。いずれにしろこれは、里見家との抗争を睨《にら》んでの措置であったとみられる。そしてこれをうけて、翌二十二年四月から、里見領国への本格的な侵攻を展開するのである。

駿甲相三国同盟の展開

山内上杉家を没落させ、長尾景虎という新たな敵を迎えるのと並行して、氏康は他方において、駿河今川義元・甲斐武田晴信との三国同盟の締結をすすめていた。氏康はすでに天文十三年（一五四四）に武田家と、同十四年に今川家と同盟を結んでいたが、それは和睦の延長のような不安定なものであった。それがこの時期になって、互いに婚姻関係を結んで、「親子兄弟」同然の、強固な攻守軍事同盟の形成がすすめられたのである。

きっかけは天文十九年六月に、今川義元の正妻であった武田晴信の姉定恵院殿《じょうけいいんでん》が死去したことにあった。今川・武田両家では、姻戚関係が断絶してしまったため、新たな婚姻関係の形成を図り、それに氏康を加えて三者間の同盟へと発展させようとしたものと思われる。それらの婚姻関係の形成の交渉は同二十年にはすすめられていて、北条家と武田家に関しては、七月に遠山綱景が武田家の本拠の甲府を訪れていることから、武田家との同盟は遠山綱景が取次を務めたことがわかる。綱景は当時、大道寺盛昌亡きあと、最有力の家老であったから、そうした立場からこの交渉にあたったものと思われる。同時に今川家との交渉もすすめられたと思われるが、残念ながらその担当者はわかっていない。

このようにして今川・武田両家との婚姻が取り決められ、おそらくは翌二十一年に実現される方向ですすめられたようである。北条家と武田家では、氏康嫡子の新九郎《しんくろう》氏親《うじちか》と晴信娘（黄梅院殿《おうばいいんでん》）の婚姻、北条家と今川家では、氏康娘（四女か）早川殿《はやかわどの》と

北条・今川・武田氏の姻戚関係

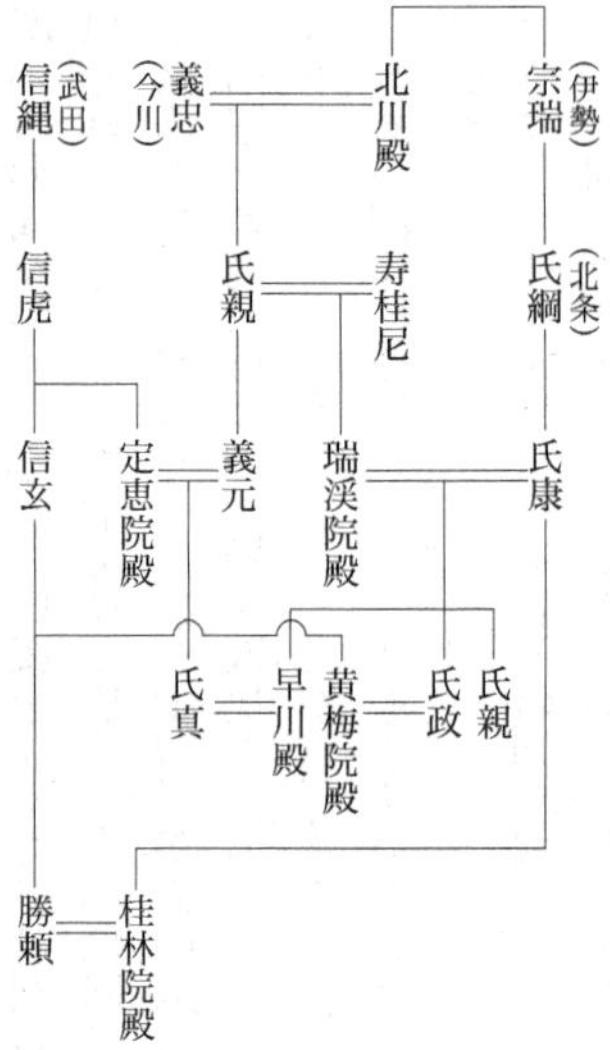

義元嫡子氏真《うじざね》の婚姻が取り決められた。ところがその天文二十一年三月に、新九郎氏親が早世してしまったため、北条家の側では新たに氏康の嫡子に次男の氏政《うじまさ》を立て、晴信娘との婚姻には氏政をもってあてることにしたと思われる。そして同二十二年正月に、あらためての婚約が取り決められた。ただし氏政はこの時まだ元服前であったため、婚儀は氏政が元服を遂げてからの翌二十三年に行うことにされた。

氏康の長男の氏親は、天文六年生まれで、氏康の正妻瑞渓院殿《ずいけいいんでん》（今川氏親の娘）の

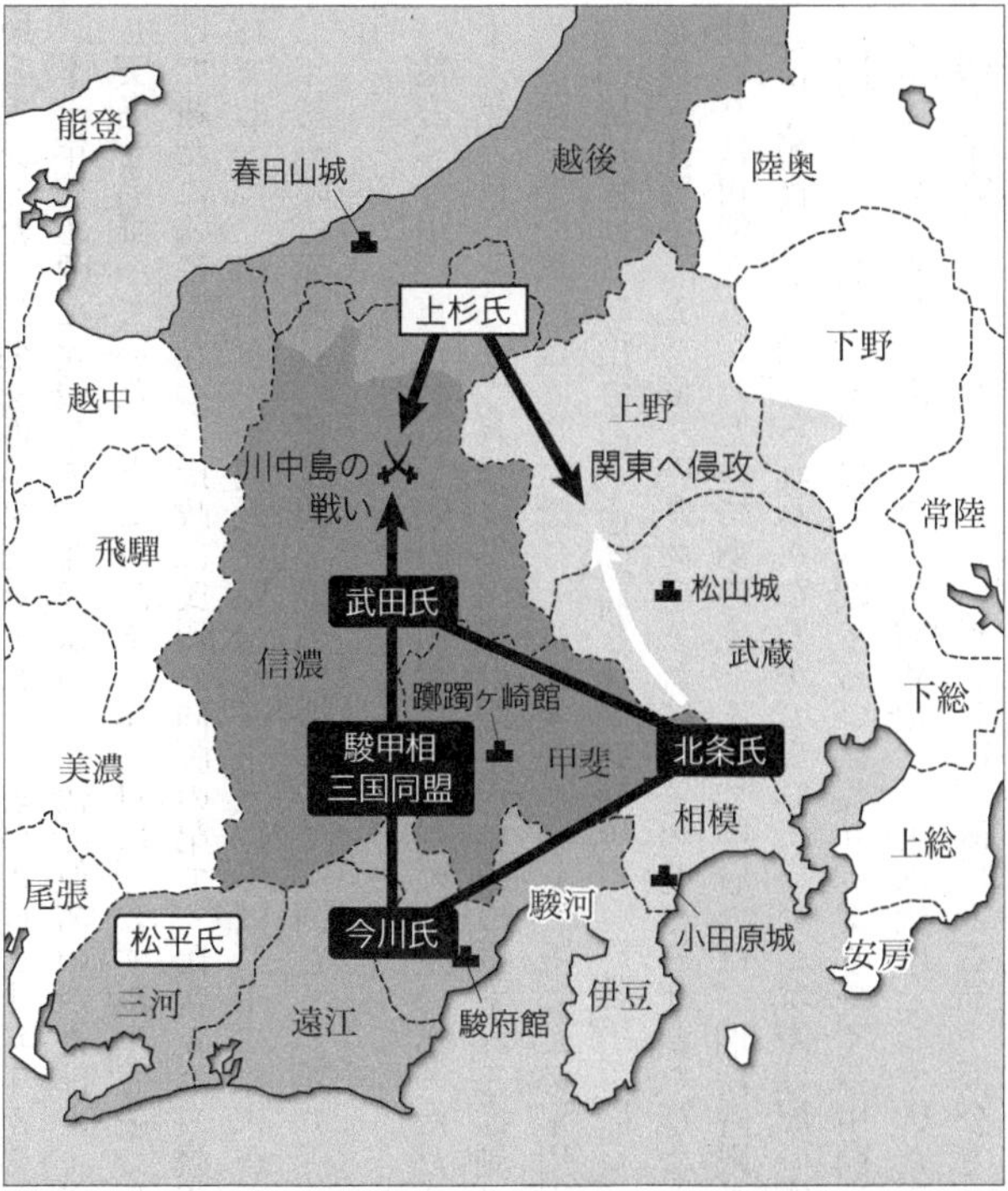

駿甲相三国同盟の関係図(黒田基樹『図説 戦国北条氏と合戦』掲載図を基に作成)

所生であった。幼名を西堂丸《せいどうまる》といった。十五歳の同二十年末から、十六歳になった同二十一年初め頃に元服して、北条家当主歴代の仮名の新九郎と、外祖父今川氏親と同じ実名を名乗っていた。ところがその年三月に、わずか十六歳で死去。その死去をうけて新たに嫡子となった氏政は氏親の同腹の弟で、氏親より二歳年少の天文八年生まれであった。幼名を松千代丸といった。十五歳の同二十二年末から、十六歳の同二十三年初め頃に元服し、兄氏親の仮名を襲名して、同じく「新九郎」を称することになる。

他方、今川氏真に嫁ぐ予定の早川殿はかなりの幼少であったため、その婚儀は同二十三年に行うこととされた。早川殿は同十六年頃の生まれと推測され、婚儀が予定された同二十一年にはまだ六歳ほどにすぎなかった。そのため早川殿に代わって、氏康の四男氏規《うじのり》が、今川家の本拠駿府《すんぷ》(静岡県静岡市)に赴いている。氏規もまた瑞渓院殿の所生であった。同十四年の生まれで、その時はわずか八歳でしかなかったが、身代わりは可能とみられたのであろう。そして駿府では、瑞渓院殿の母であった寿桂尼《じゅけいに》(今川氏親後室)に預けられるかたちがとられて、いわば寿桂尼の家族として扱われた。

同二十三年七月、早川殿も八歳くらいになり、ようやく今川氏真のもとに輿入《こしい》れするのである。そしてその年の十月初め頃に、十六歳になっていた氏政と黄梅院殿との婚儀が予定されたらしい。ところがこれは、後にみる前古河公方足利晴氏の謀叛《むほん》事件が勃発《ぼっぱつ》したために延期となったらしく、ようやく十二月に、氏政は黄梅院殿との婚儀をあげた。黄梅院殿は同十二年生まれで、氏政よりも四歳年少で、まだ幼く十二歳でしかなかった。婚姻行列が武田領国から北条領国に移るところで、武田家から北条家に引き渡されたが、その際に請取に出たのが、婚姻交渉にあたってきた遠山綱景、武田家への取次を務めていた側近家臣の桑原盛正《くわばらもりまさ》、そして家老筆頭の松田盛秀であった（「勝山記」）。

遠山綱景と桑原盛正が登場しているのは、ともにこれまで武田家との交渉をすすめていた担当者であったことによる。対して松田盛秀については、それまで武田家との交渉にあたった事例は確認されていないので、ここで登場しているのはまさに家老筆頭の立場にあったためと思われる。いわば儀礼の場における役割といってもよいであろう。松田家は、家老筆頭という家格により、そのような儀礼上の役割を務める存在でもあったことがわかる。

こうして氏康は、今川家・武田家との駿甲相三国同盟を成立させることになった。こののち、氏康は関東経略をさらにすすめていくことになり、武田家は信濃経略を、今川家は三河《みかわ》・尾張《おわり》経略を、それぞれすすめていくのであった。

北関東の国衆への影響力

氏康の北関東への影響力は、すでに天文十九年（一五五〇）からみられるようになっていた。同年閏五月の時点で、北関東の国衆の下総結城政勝が、隣接する常陸小田家との抗争にあたって氏康に軍事支援を求めてきていた。この結城政勝への取次を務めたのが玉縄北条綱成であった。同二十二年三月には、その結城政勝を通じて、同族でもあった南陸奥《むつ》の白川晴綱《はるつな》から盟約を求められている（戦北四六三）。同様にして、芦名盛氏《あしなもりうじ》と伊達晴宗《だてはるむね》からも通交を求められてきたらしい（戦北四六二）。

なかでも白川家の場合は、常陸の佐竹義昭《さたけよしあき》と下野の那須資胤《なすすけたね》と抗争関係にあり、その佐竹家は小田家と同盟関係にあった。そのため結城政勝は、佐竹家とも抗争関係になり、その背後に位置するかたちにあった白川・芦名・伊達家らと、氏康との盟約関係を形成させようとしたものと思われる。そしてこの白川家への取次も、結城家への延長のかたちで北条綱成が務めている。

さらに同二十三年夏（四月から六月）には、結城政勝と同盟関係にあって同様に小田家と抗争していた常陸の大掾慶幹《だいじょうよしもと》が、やはり結城政勝を通じてであろう、氏康に従属してきた。この時、大掾慶幹は自ら小田原に赴いて、氏康と軍事について協議している（「白川文書」）。こうした動向をうけてであろうか、七月初めには、それらと敵対する佐竹義昭と南陸奥の岩城重隆《いわきしげたか》が、代官を梅千代王丸のもとに派遣してくる（「谷田部家譜」)。梅千代王丸への派遣とはいっても、梅千代王丸は独自の政治判断はできず、氏康の助言に従っていただけであったろうから、それは事実上は氏康への依頼であったといってよい。このように氏康は、古河公方足利家との一体化を遂げたことで、逆にそうした国衆間の抗争に引きずり込まれていくことになったともいえよう。

こうした状況は古河公方足利家にも大きな影響を与えていたようで、梅千代王丸に同行するかたちで葛西城に在城するようになっていた前公方の足利晴氏は、突如として葛西城から退去して、廃嫡した藤氏と合流して、もとの本拠であった古河城に拠って蜂起《ほうき》したのである。それには下野の小山高朝《おやまたかとも》・下総の相馬家《そうま》(整胤か)・上野の桐生佐野大炊助《きりゅうさのおおいのすけ》(直綱《なおつな》か)が味方していた。氏康はそれに対し、簗田晴助や野田弘朝《のだひろとも》らの公方家宿老と、公方家御一家の一色直朝《いっしきなおとも》などを味方につけたうえで(「谷田部家譜」)、太田泰昌など松山衆によって古河城を攻撃、十月に攻略して、晴氏の叛乱を鎮圧するのである。

ところでこの足利晴氏の叛乱は、ちょうど氏康の娘早川殿と今川氏真の婚儀が行われていた時期にあたっている。そうするとあるいは、氏康が婚儀のために素早く対応できない隙を衝《つ》いて、足利晴氏は蜂起したのかもしれない。ちなみにその後の十二月に、嫡子氏政と武田晴信の娘黄梅院殿の婚儀が行われているが、これは古河城攻略を遂げたことをうけてのことと思われる。氏政の婚儀は、九月二十六日に、武田晴信が

「小田原祝言の儀申し合わせ」ているとして、信濃から帰陣していることから（『戦国遺文武田氏編』四一四号）、本来は十月初め頃の予定であったと推測される。それがこの事件により、解決後の十二月まで延期されたとみられる。

足利晴氏は、古河城が攻略されると、政治的に隠遁《いんとん》させられ、相模中郡波多野《はだの》郷（神奈川県秦野市）に蟄居《ちっきょ》とされた。ただし叛乱は家臣らによるものとされたのか、戦後に晴氏は太田泰昌に対して、古河城攻略の戦功を賞する感状《かんじょう》を与えている（戦北四四二三～四）。こうしたところに、主筋にあたるものは直接の政治責任を負わないようにされる、という政治慣習をみることができる。とはいえ晴氏が失脚したことで、氏康と古河公方家との関係は、一層の強まりをみせることになっていく。むしろ結果として、前公方の晴氏や梅千代王丸の兄という、ある種煩わしい存在が一掃されたことでかえって好都合であったともいえる。

しかもこのあと、山内上杉方などとして氏康に敵対していた周辺の勢力も、相次いで従属、あるいは通交を求めるようになってきた。翌弘治《こうじ》元年（一五五五）には新田横瀬成繁、同二年には足利長尾当長・佐野豊綱の従属が確認されている。桐生佐野家や下野の小山家についても同様であったようだ。このうち足利長尾家の指南は、玉縄北条綱成であることがわかっている。さらにその年には下野の那須資胤から通交を求められ、宇都宮広綱《うつのみやひろつな》も同様であった（「異本小田原記」）。同三年には佐竹義昭からも通交を求められるようになった。また弘治元年夏には、結城政勝自身、小田原に参向してきている（「異本小田原記」）。これは氏康に援軍派遣を要請するものであったろう。

　そうしたなかで起きたのが、弘治二年四月の常陸海老島・大島台合戦であった。氏康は結城政勝からのかねてからの依頼に応《こた》えて、ようやく援軍を派遣し、常陸小田家との対戦にあたったのである。援軍の先陣としては江戸城代遠山綱景と岩付太田資正を派遣した。さらにこれに佐野豊綱・茂呂因幡守《いなばのかみ》も参陣し（「結城家之記」『現代語訳結城御代記上』所収）、宇都宮広綱・那須資胤からも援軍が派遣され、宇都宮家からは宿老の壬生綱雄《みぶつなかつ》が派遣されている（「異本小田原記」）。そして合戦は、結城家と氏康からの援軍であった遠山・太田の軍勢だけで勝利をおさめたのである。

　これは氏康が、下野・常陸の有力国衆の抗争に、直接に介入した最初になる。その翌年には、宇都宮家における当主広綱と壬生綱雄との抗争にも介入し、当主広綱の権力維持をもたらすなどしている。このようにして氏康は、古河公方足利家との一体化をすすめるにともなって、下野・常陸の有力国衆に大きな政治的影響力をおよぼすようになり、さらには南陸奥の有力国衆にも影響を与えることとなっていった。

第三章　世代交代の始まり

すすむ家老の世代交代

氏康《うじやす》は、家督相続にともなって、父氏綱《うじつな》以来の家老については基本的にはその役割などはそのまま継承する態度をとってきたが、河越《かわごえ》合戦をすぎたあたりから、それらの家老たちのなかで世代交代がみられるようになってきた。

まず最初が、小机《こづくえ》城代の笠原信為《かさはらのぶため》で、天文《てんぶん》十五年（一五四六）十二月に、所領を嫡子弥太郎《やたろう》（のち平左衛門尉《へいざえもんのじょう》・能登守《のとのかみ》か、康勝《やすかつ》か）に譲っている（戦北四六三六）。これはおそらく、信為が隠居し家督を弥太郎に譲ったことにともなうものであろう。そうして弥太郎は、そのまま小机城代の地位を継承したと思われる。

信為自身は、その後の弘治《こうじ》三年（一五五七）七月八日に死去した（「異本小田原記」）。信為は伊勢宗瑞《いせそうずい》以来の家臣であったということからみて、氏綱よりも少し年少であったとみられ、大道寺盛昌《だいどうじもりまさ》とほぼ同年代であったろうか。「異本小田原記」には「笠原越前《えちぜん》守追善の事」という項目がわざわざ設けられていて、そこでは信為の死去について、「武勇才芸双《ならび》なく、和歌の道にも達者なり、氏康を初め奉り、諸臣の嘆息限りなし、唯父母に別れたるに同じ」と記されている。氏康も嘆き、他の家臣も父母の別れと同様に嘆いたというから、家中で相当に慕われた人物であったことがうかがわれる。

なおこの笠原家（越前守家）は、伊豆《いず》郡代《ぐんだい》・伊豆衆寄親《よりおや》の笠原家（美作《みまさか》守家）とは、同族であったとみられるものの、その関係は不明である。役割からみて、綱信《つなのぶ》の系統が本家で、信為の系統は庶家であったように思われる。

天文十六年には、江戸衆寄親の江戸太田《おおた》家で代替わりがあった。すなわち同年七月二十四日に太田資高《すけたか》が死去し、次男の康資《やすすけ》（新六郎）が家督を継いだ。康資は次男であったが、母が北条氏綱の娘浄心院《じょうしんいん》であったため、兄で長男の景資《かげすけ》（源七郎・左衛門尉）を差し置いて、資高の家督を継承したことになる。享禄《きょうろく》四年（一五三一）生まれであったから、この時には十七歳であった。実名のうちの「康」字は、もちろん氏康からの偏諱《へんき》である。引きつづいて江戸衆寄親を務めた。

康資は、氏康にとって血縁の甥《おい》にあたるとともに、江戸衆寄親としてだけでなく、江戸領において一千貫文以上の所領を有する有力家臣であった。そのためであろう、氏康は遠山綱景《とおやまつなかげ》の娘（法性院《ほっしょういん》）を養女にして、康資に嫁がせるのである。ただし法性院は天文十一年の生まれで、康資にはその間に永禄《えいろく》四年（一五六一）に資綱《すけつな》（のち重《しげ》正《まさ》）が生まれるから、婚姻はこれよりも十年くらいあとであろう。なお遠山綱景の娘が氏康の養女とされているのは、それが氏康の姪《めい》であったからという。氏康と遠山綱景との間に姻戚《いんせき》関係があったことがうかがわれるが、それについてはのちに取り上げたい。

続いて同十九年か同二十年七月十二日に、家老最年長であったといっていい大道寺盛昌が、六十二歳で死去した。家督は、すでに同十七年から活動をみせるようになっていた、嫡子周勝《かねかつ》（源六《げんろく》・駿河守《するが》）に継承された。周勝は引き続いて、鎌倉代官と河越城代《じょうだい》の役割、さらには深谷《ふかや》上杉《うえすぎ》家への指南《しなん》を務めている。

相次ぐ家老の代替わり

ほぼ同時期、伊豆郡代で伊豆衆寄親であった笠原家と清水家でも、代替わりがあった。笠原綱信の活動が確認されるのは、同十九年閏《うるう》五月までで（戦北三七四）、弘治元年からみえる美作守は（戦北四八二）、それまでは仮名助三郎、次いで官途名玄蕃助《げんばのすけ》を称していた、その嫡子にあたるとみられるからである。弘治期（一五五五〜）以降は玄蕃助の名はみられなくなるので、家督継承にともなって父綱信と同じ美作守を名乗るようになったと思われる。実名は明らかでない。天文十二年（一五四三）には玄蕃助を称していることからみて（戦北二三五）、二十歳代であったとみられ、氏康よりも少し年少の世代であろう。この美作守も、引きつづいて伊豆郡代・伊豆衆寄親の役割を継承している。

清水家でも、天文十五年までみえる人物は綱吉《つなよし》としてよいと思われるが、同二十年からは、嫡子の康英《やすひで》（太郎左衛門尉・上野守《こうずけ》）が当主としてみえている。実名は氏康から偏諱を与えられたものである。のちの永禄三年（一五六〇）からは、嫡子新七郎

（太郎左衛門尉）が軍事行動に参加するようになっているから、康英はおよそ大永《だいえい》期（一五二一〜）くらいの誕生と推測され、氏康より少し年少であったと思われる。康英も、父と同じく伊豆郡代・伊豆衆寄親の役割を継承している。

天文二十年から二十一年にかけては、中郡郡代・諸足軽衆寄親の大藤《だいとう》家で相次いで代替わりがあった。天文二十年三月二十一日に大藤栄永《えいえい》が死去すると、家督は、嫡子景長《かげなが》か、その子与次郎《よじろう》の後身とみなされる兵部丞《ひょうぶのじょう》が継承したとみられるが、その兵部丞も翌同二十一年十一月七日に死去してしまった。そのため氏康は、同年十二月、栄永の嫡流筋が断絶したことをうけて、栄永の末子与七秀信《よしちひでのぶ》（のち政信《まさのぶ》、式部《しきぶ》丞）に継承させ、中郡郡代・諸足軽衆寄親の役割を継承させている（戦北四二七）。なお秀信は、すでに同十八年から活動をみせているものの、甥の与次郎よりも活動時期が遅いから、栄永晩年の生まれであったと推測され、元服してあまり時期が経っていなかったように思われる。

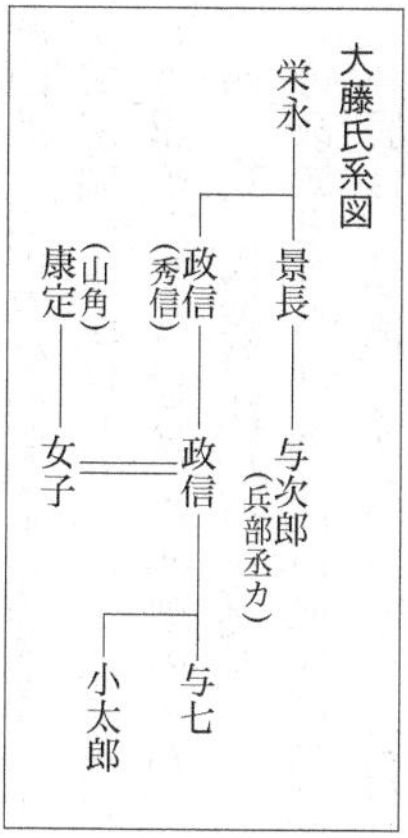

さらに天文期終わり頃から弘治期初めにかけて、江戸衆寄親富永《とみなが》家と三浦衆寄親山中家でも代替わりがあった。富永家は、もとは室町幕府奉公衆《ほうこうしゅう》の家系で、堀《ほり》越公方《ごえくぼう》足利《あしかが》家の奉公衆となっていた富永

彦四郎（四郎左衛門尉・大和守種秀《たねひで》の子か）が、堀越公方足利家の滅亡にともなって、伊勢宗瑞に家臣化したことに始まる。伊豆土肥《とい》庄（静岡県伊豆市）一千貫文を本領として認められている。彦四郎の子が、四郎左衛門尉政辰《まさとき》とみられる。大永四年（一五二四）に、氏綱が江戸城を攻略したのち、遠山直景《なおかげ》とともに同城に配属されたのも、この政辰とみられる。江戸城では本城の在番を務めている。

政辰は、弘治二年（一五五六）には死去していて、嫡子亀千代が常陸《ひたち》海老島・大島台合戦で戦功をあげたという（「異本小田原記」）。のちに元服して、仮名弥四郎、実名康景《やすかげ》を称している。天文九年（一五四〇）生まれと伝えられているので、その時には十七歳に達していたことになるから、その直後に元服したのかもしれない。なお同合戦には、氏康からの援軍は遠山綱景の軍団が派遣されていたが、康景も参戦していたのであれば、その軍団も康景が年少のため、綱景が指揮したのかもしれない。康景の実名は、氏康から偏諱をうけたものであるが、下字が遠山家の通字であることをみると、綱景の庇護《ひご》をうけ、そのもとで元服したのかもしれない。

三浦衆寄親の山中家（上野守家）は、河越衆寄親の山中家（近江《おうみ》守家）とは別系統であるが、ともに伊勢宗瑞以来の家臣であったとされる。三浦衆寄親の山中家は、修《しゅ》理亮《りのすけ》・上野守を歴代の通称としていて、氏綱期から氏康期にかけて存在した修理亮（盛高《もりたか》か）は、二代目にあたる存在とみられる。この修理亮（盛高か）の活動が確認されるのは、氏綱生前期までにすぎず、その後しばらくこの家系の活動は確認されないが、弘治元年十一月に、その嫡子康豊《やすとよ》（彦十郎・修理亮・上野守）の活動が確認される（戦北四九六）。この実名も氏康から偏諱をうけたものである。康豊が家督を継いだ時期は、それ以前としかわからないが、この時期には新たな当主になっていたことが確認でき、三浦衆寄親の役割をそのまま継承している。

松田家の代替わり

弘治元年（一五五五）から永禄元年（一五五八）までの間には、小田原衆寄親の松《まつ》田《だ》家においても代替わりがみられた。盛秀《もりひで》は隠居し、嫡子憲秀《のりひで》（左馬助《さまのすけ》・尾張《おわり》守）が家督を継いで、その役割をそのまま継承している。憲秀の生年については明確ではないが、「堀尾古記」（『新修島根県史資料篇2』一頁）では、天正《てんしょう》十八年（一五九〇）における年齢を六十二歳としていて、それによれば享禄二年（一五二九）生まれとなる。ただしそこでは氏康嫡子で四代目当主の氏政《うじまさ》の年齢を五十九歳としていて、氏政よりも三歳年長とされている。しかしこの氏政の年齢は誤りで、正しくは天文八年（一五三九）生まれの五十二歳であったから、それに合わせると憲秀の生年は、天文五年の可能性が想定される。確定はできないがここではそのようにみておきたい。

盛秀は、伊勢宗瑞から偏諱をうけていることから、氏康よりも十歳以上は年長であったと推測される。妻は氏康と同年齢の北条綱成《つなしげ》の妹であった。憲秀がその所生かどうかは確認できないが、天文五年生まれとすれば、年齢的には合うといえる。その場合、遅い嫡子の誕生ということになろう。あるいは、憲秀よりも前に男子があったものの、母が綱成の妹であることをもって憲秀が嫡子にされたことも想定されるが、現在のところ、憲秀の兄にあたるような存在は確認されない。それはともかくとして、憲秀は二十歳から二十四歳までの間に家督を相続したことになる。盛秀はその後もしばらく生存しているから（終見は永禄七年）、この代替わりは少し時期が早いように思われる。盛秀は病気がちであったのだろうか。あるいは憲秀が綱成の甥であることから早めに家督を継いだ、ということも考えられる。いずれにしてもここで、家老筆頭の松田家においても代替わりがみられたのであった。

それ以外にも、前章で少し触れたように、天文十四年から永禄二年までの間に、江戸衆太田越前《えちぜんのかみ》守家に代替わりがみられ、嫡子大膳亮《だいぜんのすけ》（のち越前守）に交替している。江戸衆寄親、そして古河公方《こがくぼう》足利家への取次の役割は、大膳亮にそのまま継承された。交替の時期が十四年も空いているので、具体的にいつだったのかは明らかにならないが、以上にあげてきたものと同じに扱うことはできるであろう。

こうして天文期後半からおよそ弘治期にかけて、松田家・大道寺家・笠原家（美作守家）・清水家・大藤家・山中家（上野守家）・笠原家（越前守家）・江戸太田家・富永

松田氏系図

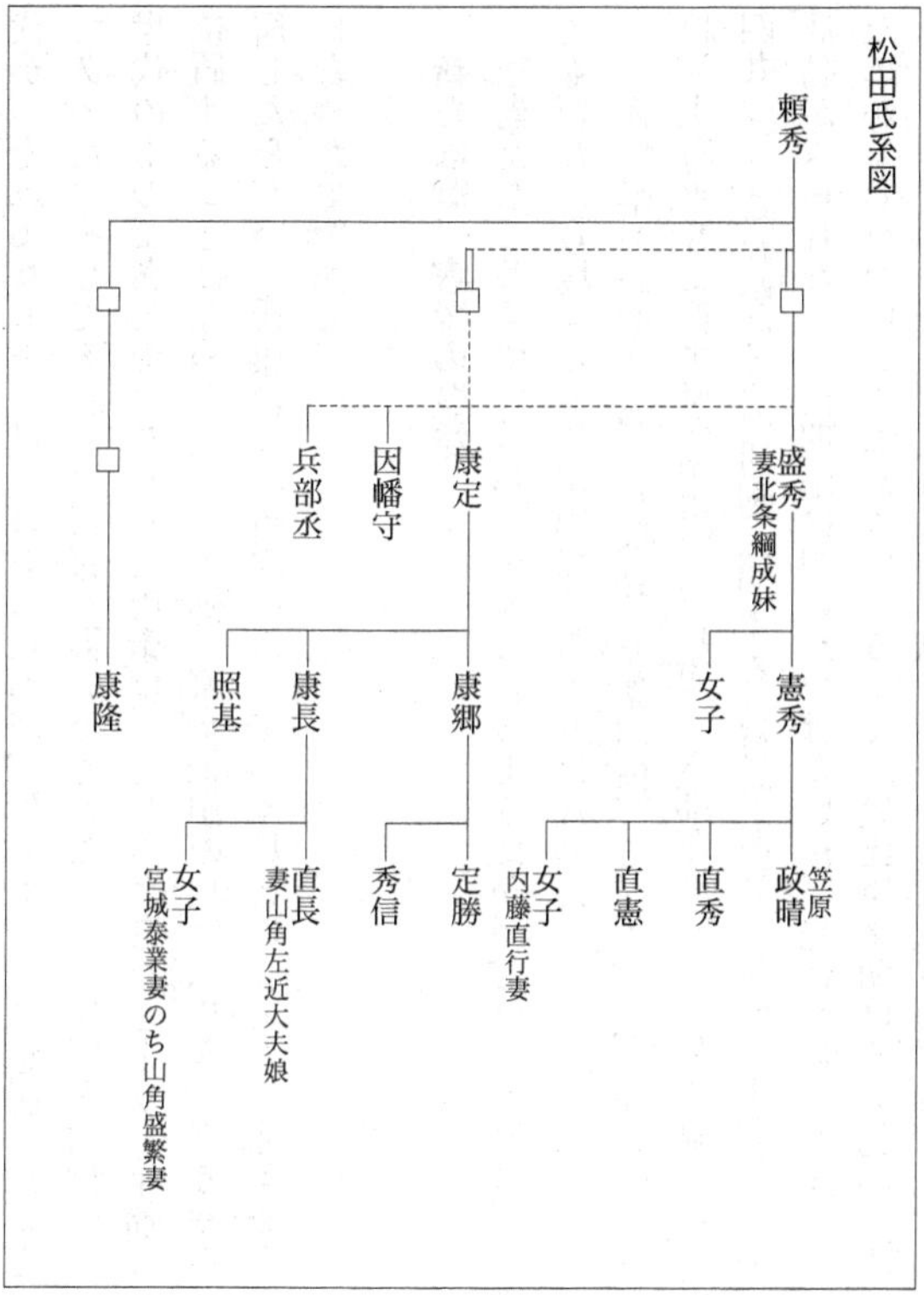
頼秀
盛秀
妻北条綱成妹
康定
因幡守
兵部丞
康隆
憲秀
女子
康郷
康長
照基
笠原
政晴
直秀
直憲
女子
内藤直行妻
定勝
秀信
直長
妻山角左近大夫娘
女子
宮城泰業妻のち山角盛繁妻

家・太田越前守家において、相次いで代替わりがみられていた。いずれも氏綱と同世代か、それよりも下の世代のものたちが、死去あるいは隠居したことにともなうものであった。そしてそれらの家督を継いだものたちは、氏康と同世代かそれよりも下の世代のものであった。こうして氏康は、それら家老たちより、年齢のうえでも上位に位置することになった。そして御一家衆《ごいっかしゅう》筆頭の叔父《おじ》宗哲《そうてつ》も、どうやら弘治元年には隠居したらしい。氏康はこの時期になって、年長者としても、北条家を率いていく状況になったのである。

新たな御一家衆の登場

家老たちの多くで代替わりがみられるようになっていたこの時期、御一家衆においても新たに登場するものが出てくるようになった。

一人は唯一の弟であった氏堯《うじたか》（左衛門佐《さえもんのすけ》）である。弘治元年（一五五五）六月十二日、上野平井《ひらい》（群馬県藤岡市）の長吏《ちょうり》・太郎左衛門に、長吏職を充行《あてが》っている（戦北四九〇）。これが氏堯の活動に関する初見であり、時に三十四歳であった。ここまで活動がみられなかった理由は明らかではないが、先にも述べたように、病弱であったためかもしれない。ここにきてようやく、兄氏康を助ける活動が可能になったようだ。ただしここでの氏堯の活動は、単独のものではなかった。同日付けでまったく同内容のものが、叔父宗哲によっても出されているのである（戦北四八九）。このことから、氏堯の活動は、御一家衆の長老であった宗哲の後見をうけてのものであったことがうかがわれる。やはり氏堯は、まだ単独で活動できる存在ではなかったのかもしれない。

宗哲と氏堯は、上野平井に関して支配文書を出しているのであるが、関係史料がこれしかみられないので、それがどのような立場によるのかは明確ではない。江戸時代中期の軍記物『関八州古戦録』（戦国史料叢書刊本）では、平井城代を務めた、と記されている。内容は平井に対する領域支配とみてよいものであるから、その可能性は高いようだ。氏堯は山内上杉家の本拠・平井城に入部し、周辺地域の支配にあたった可能性がある。そしてそれを宗哲が後見したものと思われる。

これまで御一家衆には、この宗哲と、玉縄《たまなわ》北条綱成の二人しか存在しない状態がつづいていたが、ここにいたって新たな御一家衆として、氏康の唯一の弟であった氏堯が加わることになった。さらに氏堯はその翌月の七月五日、安房《あわ》への軍事行動を展開しており（戦北四九二）、一軍の大将をも務めるようになっている。以後は綱成とともに、当主の代行として軍勢の大将を務めていく。同時に、氏堯の後見を務めた宗哲についてはその立場に変化があったようだ。隠居である。

北条三郎（宝泉寺殿）の登場

宗哲は、永正期《えいしょう》（一五〇四〜）初め頃の生まれと推測されるが、この頃には五十歳を過ぎるようになっていた。現役の御一家衆であったのなら、氏堯を後見することはなかったであろう。そして、ちょうどこの翌年の弘治二年（一五五六）八月十日には、宗哲の嫡子三郎（宝泉寺殿《ほうせんじでん》）が、御一家衆のひとりとして活動していることが確認される（戦北五二五）。

これらのことをみると、宗哲が家督を三郎に譲り、それにともなって甥氏堯の後見を務めるようになったのではないか、と思われる。ただし宗哲は、隠居したとはいっても所領のすべてを三郎に譲ったわけではなかった。箱根権現《ごんげん》社領を中心に、いまだ五千貫文以上の所領を有し、御一家衆のなかでも最高の所領高を維持していた。三郎に譲ったのは小机領支配と小机衆であった。ここのところをどのように考えるかは問題となるが、少なくとも宗哲は、これ以後においては、たとえば河越合戦の時に河越城で籠城《ろうじょう》するなどの、最前線での軍事行動をすることはなくなっている。のちの永禄二年（一五五九）における氏康の上野出陣の時には、鎌倉の守備にあたっており、いわば後方守備を務めている（戦北五七五）。このようなことが隠居を示しているものと思われ、以後、それまでのような活動は三郎に引き継がれていくのである。

ところで、三郎が初めて確認できる史料は氏康から与えられた三カ条からなる条目《じょうもく》である。一条目は、饗応《きょうおう》は朝飯の時にし（「朝召し」）、大酒は控え、飲んでも三遍にすること、二条目は、命令なくして敵勢がいる場所（「虎口《こぐち》」）に出て行った者については、すぐに改易《かいえき》にしなさい、また氏康の判断（「公儀」）を必要とする場合はすぐに連絡してきなさい、三条目は、家臣に対しては、他者の陣に出かけていって大酒を呑《の》んだり、ましてや喧嘩《けんか》口論することのないように厳しく言い付けなさい、という内容のものであった。すなわち在陣中における家臣への行動規制についての注意を与えているものである。

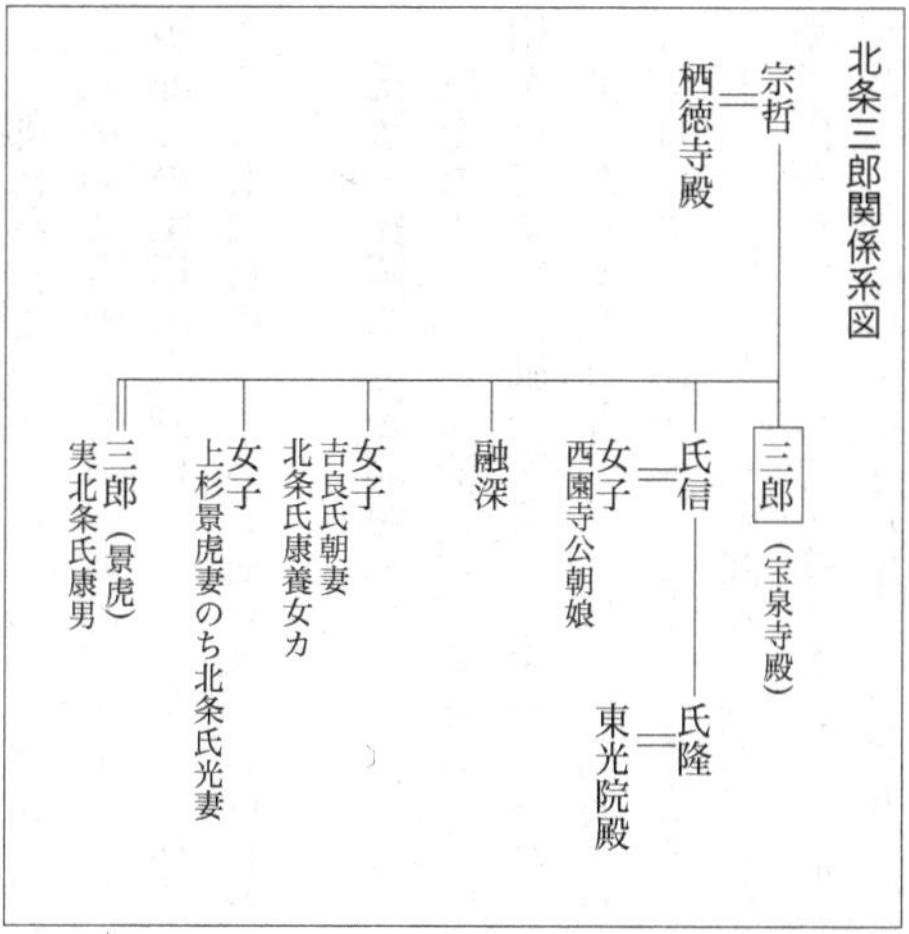

この内容をみれば、すでに三郎が独自の軍団を率いて出陣する存在となっていたことがわかる。率いた軍団は、いうまでもなく小机衆とみられ、それらは三郎の家臣団（「家中」）とされていた。ただしここで氏康が、ことさらにこのような注意

を三郎に与えているのは、三郎には敵陣での家臣への行動規制に未熟なところがあったためのようだ。それは敵陣での経験が浅かったためと思われる。そのため氏康は、戦陣での家臣の行動について、厳しく律するよう意見しているものと思われる。このようにして氏康は、若い御一家衆の成長を促すべく、対応していたことがわかる。

氏政・氏照の活動開始

以上のように、弘治元年（一五五五）頃になると、弟の氏堯、宗哲の嫡子三郎と、相次いで新たな御一家衆の登場がみられるようになった。その前提には年齢的なものもあったかもしれないが、ここで両者が時期を同じくして登場していることに関しては、ほかにも理由があったようにも思える。

というのは、ちょうど彼らの登場がみられた直前にあたる弘治元年五月に、氏康の嫡子氏政が、おそらく上総《かずさ》においてと思われるが、初陣を果たしているのである（戦北五二二）。氏政は天文八年（一五三九）生まれであったから、この時には十七歳であった。元服は十五歳の同二十二年末から、十六歳の同二十三年初めのことと推測され、その翌年にあたるこの弘治元年に初陣を遂げて、武将としてのデビューを飾ったのである。

氏康の嫡子であった氏政が、初陣を遂げた直後から、氏堯と三郎の活動がみられるようになっていることからすると、それらは氏政のデビューをうけてのことであった可能性も考えられる。とくに三郎の場合は、父宗哲の隠居をうけてのものと思われることからすると、次世代の当主の登場にあわせて、久野北条家においても代替わりが行われたとみることができるであろう。さらには先にみた、家老筆頭の松田家における代替わりも、この氏政の初陣をうけてのことであったかもしれない。

続けて、この弘治元年の末となった十一月、古河公方の足利梅千代王丸《うめちよおうまる》が、在城していた下総葛西城《しもうさかさいじょう》で元服した。十三歳であった。以後は実名「義氏《よしうじ》」を名乗る。これは室町幕府将軍足利義輝《よしてる》から偏諱をうけたものである。注目されるのは、その元服式に北条家のもので参加しているのが、氏康とその三男藤菊丸《ふじきくまる》（氏照《うじてる》）だけであったことである。氏康は北条家の当主であり、かつ義氏を後見する立場にあったから、元服式を執り行うのは当然である。それだけに三男でしかなかった藤菊丸が参加していることには、大きな意味があったことがうかがわれる。

藤菊丸は、氏親・氏政の同母弟にあたり、天文十一年生まれであった。氏政よりも三歳年少で、この時には十四歳であった。元服した義氏はそれよりも一歳年少である。この藤菊丸が元服式に参加しているのは、将来の義氏の後見役を想定されていたからではなかったか。しかしその構想はあえなく潰《つい》えた。この年の暮れから翌年初めにかけて、由井《ゆい》領の国衆であった大石綱周《おおいしつなかね》（もと憲重《のりしげ》、源三《げんぞう》・源左衛門尉《げんざえもんのじょう》）が、後継者がいないまま死去したらしく、藤菊丸は弘治二年五月にはその婿養子とされ、大石家の領国を継承するのである（戦北五一八）。

これにより藤菊丸は、御一家衆であるとともに、国衆大石家の当主として、その領国支配にあたる存在となった。元服時期は明らかではないが、十五歳であったこの年か、十六歳となった翌弘治三年頃のことであったと推定される。実名は「氏照」を名乗り、仮名は養父大石綱周の「源三」を襲名している。ただし実際の領国支配は、しばらくは父氏康が担い、氏照自身が領国支配にあたっていくのはそれから二年後の永禄二年（一五五九）からである。おそらくその時に、小田原城から由井城に入部し、大石綱周の遺女と婚姻したと推測される。

そして、氏照が足利義氏の後見を務めることができなくなったことに代わるようにして、三郎（宝泉寺殿）が、どうやら義氏への取次を務めるようになったことが推測される。これまで古河公方足利家への取次は、江戸城代の遠山綱景と江戸衆寄親の太田越前守家があたっていたが、これに三郎が加わったようである。義氏から三郎宛の書状が出されていること、義氏の所領が小机領内に設定されていることから、そのように推測される。いずれも義氏の元服後のことである。なぜ三郎が足利義氏への取次に加えられたのかはわからない。遠山・太田は基本的には江戸城に在城していたから、小田原における取次、さらには御一家衆のなかでの取次が必要になったのかもしれない。

北条康成（氏繁）の登場

永禄元年（一五五八）・同二年になると、さらに新たな御一家衆の登場がみられるようになった。すなわち玉縄北条綱成の長男康成《やすしげ》（のち氏繁《うじしげ》、善九郎・左衛門大夫《さえもんのだいぶ》・常陸守）、次男康元《やすもと》（のち氏秀《うじひで》、孫次郎・治部少輔《じぶのしょう》）、それに久野北条宗哲の次男氏信《うじのぶ》（新三郎）である。

康成は、天文五年（一五三六）生まれで、永禄元年に二十三歳になっていた。母は氏康の妹（大頂院殿《だいちょういんでん》）であったから氏康には外甥《がいせい》にあたり、次代当主の氏政には三歳年長の従兄《いとこ》にあたっていた。さらに康成自身も、氏康の娘（長女か）・新光院殿《しんこういんでん》を妻に迎えていて北条本家の婿となっており、前年頃には長男氏舜《うじきよ（とし）》（左衛門大夫）が生まれていた可能性が高い。その後に当主となる次男とみられる氏勝《うじかつ》（左衛門大夫）も、翌永禄二年に生まれる。

仮名は善九郎で、父綱成の孫九郎とは異なっている。綱成の嫡子なのであるから、同じ仮名を襲名してもよさそうにも思われるが、そうでないのは何か理由があるのかもしれない。こののち、康成は綱成の嫡子としてよりも、氏政の義兄弟としての立場を強くもつようになっていくところをみると、すでに元服の時点でそのような構想があり、そのために綱成とは異なる仮名をつけられたのかもしれない。

康成の弟の康元については生年は不明であるが、同時期に登場してきていることをみると、あまり変わらない年齢であった可能性が高い。仮名は孫次郎を称していて、これは叔父綱房《つなふさ》と同じであるから、それを襲名したと思われる。したがってその元服時に綱房は死去していたと考えられ、その家督を継承した存在であったと推定される。

そして氏信は、三郎（宝泉寺殿）の弟にあたる。仮名はその弟にふさわしく、新三郎を称している。氏信についても生年は不明だが、三郎の登場から二年後にみえるようになっていることからすると、兄とあまり変わらない年齢であったようだ。康元にしても氏信にしても、氏政あるいは氏照とほぼ同年齢であったとみてよいであろう。

活動が確認されるのは、このなかでは康成が早い。すなわち永禄元年三月に、陸奥白川晴綱《しらかわはるつな》が、古河公方足利義氏に祝儀を言上した際に、取次にも進物を贈っていて、そのなかのひとりとしてみえているのが、その活動を伝える最初である（「白川文書」）。白川家への取次は父綱成が務めていて、康成は嫡子として同家への取次に参加していたと思われる。さらに三カ月後の六月二十一日、上総国衆の小糸秋元《こいとあきもと》家一族の釜滝《かまたき》秋元家の家臣東《とう》修理亮に、その戦功を氏康に上申することを約束している（戦北五八四）。

その戦功とは、敵（里見《さとみ》方の小糸秋元家か）から攻撃されたのを撃退したものであった。それへの氏康の感状《かんじょう》は月末に出され、その発給を翌月に綱成・康成父子それぞれから東氏に伝えている。以前は康成が援軍として派遣されたことによるのではないか、とも思っていたが（拙著『戦国の房総と北条氏』）、感状発給を伝える書状を綱成が出していることからすると、綱成が釜滝秋元家への指南を務めていて、康成はその嫡子として代行したものとみたほうがよいと思われる。そして東氏から戦功が伝えられてきた時に、綱成は不在で康成が留守を務めていて、そのため康成が戦功の上申を約束する書状を出した、と考えるのが適切と思われる。その時、綱成はどこかに出陣していたか、あるいは小田原に参向していたのかもしれない。

北条氏信・康元の登場

次いで氏信の登場である。氏信については、永禄元年（一五五八）四月二十八日、古河公方足利義氏が、小田原城を訪問して氏康の私宅に御成《おなり》した際に、兄三郎につづいて給仕を務めているのが、その動向を伝える最初である（「鶴岡八幡宮社参記」『北区史資料編古代中世2』一六一頁）。ただし、この時点ではまだ独立した立場を認められていたわけではなく、いまだ宗哲の庶子というものであった。宗哲から所領や家臣を与えられていたではあろうが、独自に軍役などを賦課《ふか》されるようにはなっていなかった。それらは公式には宗哲の所領のままであったと思われる。

そして康成の弟康元が、永禄二年八月七日に、上野沼田《ぬまた》城主として存在していたことが確認される（戦北六〇八）。前年閏六月と、この年の三月から四月にかけて、氏康は北上野に出陣して吾妻《あがつま》領に侵攻し、沼田領の経略を遂げていた。その過程で、北上野の沼田家で内訌《ないこう》があり、長尾《ながお》方の沼田顕泰《あきやす》が越後に退去したものの、北条方であった顕泰次男の弥七郎が顕泰に殺害されて当主不在となったために、康元がその家督を継承して、沼田城（群馬県沼田市）に入部したのであった。入部の時期は不明だが、氏康が上野に進軍して城普請《しろぶしん》（沼田城に対しての可能性が高い）した、この年三月から四月の可能性が高いようである。

沼田家の当主に、なぜ康元が選ばれたのかはわからない。成人していたことは最低限の条件であったろう。とはいえ、ほかにも氏康弟の氏堯、宗哲次男の氏信なども候補たり得たように思う。そもそも玉縄北条家そのものが他の御一家衆よりも家格は低かったから、康元はもっとも家格の低い御一家衆であったにすぎない。そうであればもっとも序列が低かったがために、沼田家の当主にされたとしか考えられない。その領国は、北条家の直接の領国（松山領・平井領まで）とは遠く隔たっていたから、あえて序列の低い康元が選択されたように思う。そのことから逆に、従属する国衆家の当主にするのは、家老ではなく、あくまでも御一家衆の誰かをあてなければならないと考えられていたこともうかがわれる。

氏康亭での足利義氏への饗応

ところで北条氏信の登場は、足利義氏による氏康亭への御成の際のことであったが、これは永禄元年（一五五八）四月十日に行われた足利義氏の鎌倉鶴岡八幡宮参詣《さんけい》についての、一連の行動であった。この義氏の鶴岡八幡宮参詣、氏康亭御成については当時の記録が残されており（前掲「鶴岡八幡宮社参記」「鎌倉公方御社参次第」前掲書所収）、それらの儀式の内容から、その頃における北条家の御一家衆・家老たちの位置づけをうかがうことができる。

義氏は、参詣に先立つ二月二日、従四位上《じゅしいのじょう》・右兵衛佐《ひょうえのすけ》に昇進している。注目すべきは右兵衛佐の官職であり、これはいうまでもなく武家政権の創始者である源頼朝を意識したものになる。そしてそれを補佐する関東管領《かんれい》であった氏康は、鎌倉時代の執権《しっけん》北条氏歴代が称していた「北条左京大夫」であった。これは義氏を頼朝に擬し、氏康を執権北条氏に擬して、鎌倉幕府になぞらえた、新たな関東政界の政治秩序の構築を表現しようとするものとみられる。氏康は、義氏を頼朝になぞらえることで、足利家との関係の在り方を、それまでの室町時代における、鎌倉公方足利家と関東管領上杉家によって構成されていたものとは異なるものとしたのであった。

その直後から、義氏の鶴岡八幡宮参詣の準備がすすめられた。同社は頼朝が建立した関東武家政権の守護神である。古河公方足利家になってからは、一度も参詣は行われていなかった。ここで頼朝になぞらえられた義氏は、まさにそれゆえに古河公方として初めて同社に参詣することになったのである。しかもことはそれだけにとどまらなかった。義氏は参詣後は小田原に赴き、そこから公方家領国に入部するのである。それまで義氏が在城していた葛西城は、下総に所在したとはいえ、あくまでも北条領国であった。義氏の公方家領国への入部は、義氏が、北条家の庇護下にあるだけでなく、真に古河公方として存在することを意味した。

　義氏の出発は四月四日に行われた。行列は、義氏への取次を担当し、また葛西城を管轄していた江戸城代遠山綱景が先導した。八日に由比ヶ浜《ゆいがはま》に到着、北条家臣では、遠山綱景、三浦衆の南条昌治《なんじょうまさはる》・山中康豊・「余田《よだ》」、綱景嫡子の遠山隼人佑《はやとのじょう》（次男）が供をしている。このうち「余田」は明確ではないが、その後、氏政の家老として依田《よだ》康信《やすのぶ》（大膳亮・下総守）がみえるようになるので、あるいはそれにあたるのかもしれない。また遠山家父子とともに、三浦衆が供にあたっていることからすると、彼らも義氏との間に取次など何らかの関係があったのかもしれない。

　参詣は十日に行われた。宿所の比企谷《ひきがやつ》から神社まで道中の警固を南条・山中が務め、義氏が本殿に着座すると、その少し下がったところに、氏康嫡子の氏政が着座している。氏政は参詣にあたって、松田憲秀・笠原美作守・遠山隼人佑を引き連れてきていて、これに氏康側近で家老の石巻家貞《いしまきいえさだ》、氏康側近の岩本定次《いわもとさだつぐ》が加わっている。義氏はその後、十一日から十三日まで鎌倉に滞在して、寺社などを見物し、十五日に小田原を訪問した。

そして二十八日、義氏は城内の氏康亭に御成し、饗応《きょうおう》をうけた。まず寝殿で給仕役とその補佐を務めたのが、順に、北条氏堯・松田憲秀・伊勢八郎・遠山隼人佑、北条三郎・笠原美作守、北条氏信・清水康英であった。その後、会所では、伊勢備中守《いせびっちゅう》と氏康が義氏から盃《さかずき》をうけている。そして松田盛秀・憲秀父子、遠山綱景・隼人佑父子、笠原美作守・清水康英・石巻家貞が義氏に御礼を進上している。彼らは「宿老《しゅくろう》」と称されているので、家老であったことが明確にわかる。

これらの儀式に登場しているものを整理すると、御一家衆では氏堯・三郎・氏信、それに匹敵する立場に伊勢備中守・八郎父子がいた。家老では、松田盛秀・憲秀父子、遠山綱景・隼人佑父子、笠原美作守・清水康英・石巻家貞がいた。そしてそれに準じる存在として南条昌治・山中康豊・「余田」・岩本定次がいた。ただしこれらは、あくまでも儀式などにかかわったものに限られている。御一家衆で玉縄北条綱成・康成父子、家老で大道寺周勝をはじめ、他の江戸衆・河越衆・松山衆などのものたちがみえないのは、小田原にはいなかったからと思われる。

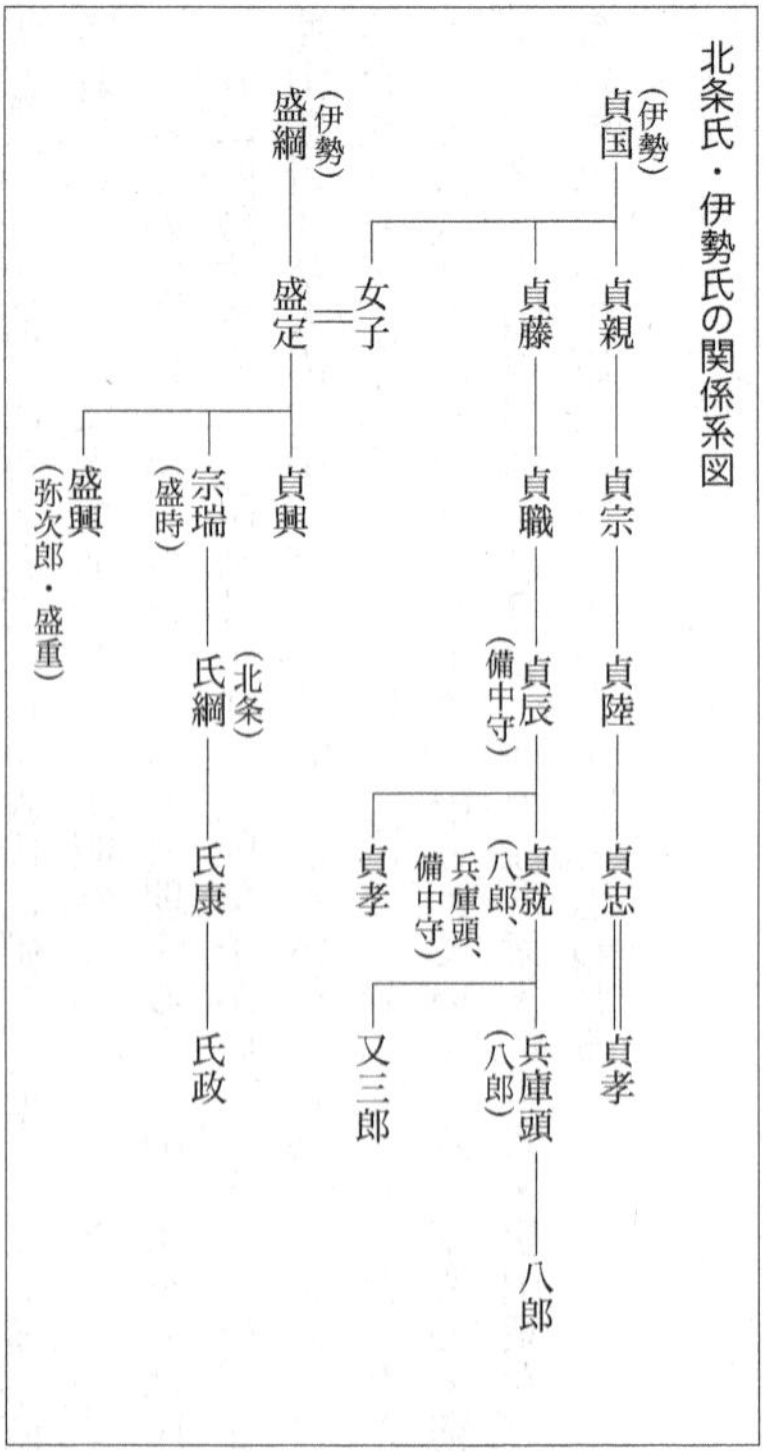

北条家臣伊勢家の存在

しかしそれでも、先に記したように、御一家衆での序列や家老の序列をうかがうことはできる。そうしたなかで注目されるのが、伊勢家父子の存在であろう。そもそも北条家自体が、伊勢家の出身であり、伊勢宗瑞は、伊勢本家の伊勢貞親《さだちか》・貞藤《さだふじ》の甥(母は貞親の妹)にあたっていた。ここに出てくる備中守は、貞藤の孫貞辰《さだとき》の子くらいにあたる人物（貞就《さだひろ》か）とみられる。父の貞辰は天文三年（一五三四）に小田原に下向して北条家に仕えるようになっていた。天文期後半からここまでの間に代替わりがあり、それまでにみえていた貞辰嫡子の兵庫頭《ひょうごのかみ》（貞就か）がここでの備中守にあたり、八郎はさらにその嫡子にあたると思われる。翌永禄二年（一五五九）の「役帳」（124ページ参照）にみえる兵庫頭はこの人物と思われるが、その間に改称したのであろう。

北条氏・小笠原氏の関係系図

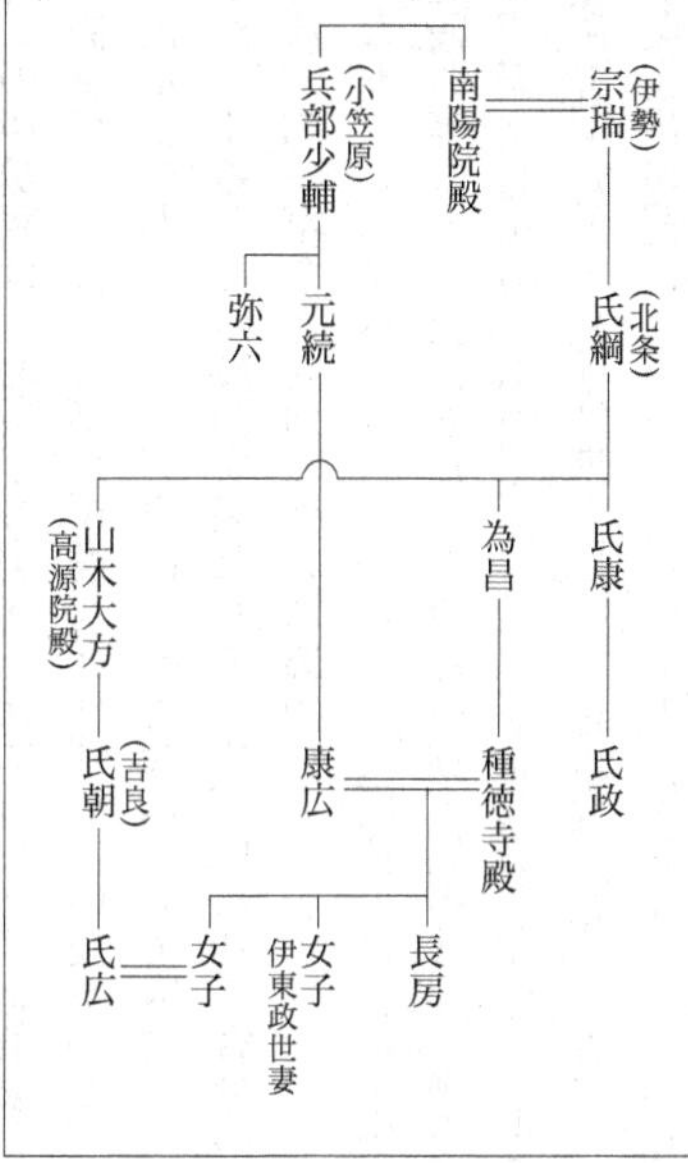

この伊勢家は、北条家の実家一族にあたり、北条家もきわめて丁重に扱っていた。所領を与えてはいたが、軍役《ぐんやく》などは課していなかった。それだけでなく京都政界とのつながりがあったため、京都との外交において取次を務めたり、文化面において指導したりするなどの役割を果たしていて、いわゆる客分の扱いにあった。北条家のなかでは、御一家衆と同列の扱いにあった。

なお、ここには出てきていないが、同様の存在に小笠原家があった。宗瑞の妻南陽《なんよう》院殿《いんでん》の実家の一族にあたり、彼女の甥（兄弟兵部少輔《ひょうぶのしょう》の子）の元続《もとつぐ》（六郎・兵部少輔）が、天文七年頃に小田原に下向して北条家に仕えるようになっていた。その子康広《やすひろ》（孫増丸・六郎・兵部少輔・播磨《はりま》守）は享禄四年（一五三一）生まれで、永禄期前半頃に、北条為昌の遺女とみられる種徳寺殿《しゅとくじでん》と婚姻する。その在り方は伊勢家とほとんど同様であった。

このように伊勢家・小笠原家は、御一家衆並みの処遇とされていたが、それはおそらく両家が、宗瑞の京都時代以来の係累であったからであろう。そして北条家一族の娘との婚姻も、そうしたことがもとになっていたと思われる。

玉縄北条家と松田・遠山家の姻戚関係

家老は、松田家・遠山家の順にあった。それ以下では、笠原（美作守家）・清水家・石巻家の順であった。参詣時には、三浦衆寄親の山中康豊も出ていたが、氏康亭御成に出てきていないのは、三崎城に帰還して参加しなかったためかもしれない。笠原・清水両家は伊豆衆であったから敵方への備《そなえ》は基本的には必要なく、また石巻家は御馬廻衆《おうままわりしゅう》寄親であったから小田原に在所していたためと思われる。

ここで初めて、松田憲秀がみえてきている。すでに、松田家当主歴代の官途名となる左馬助を称しているので、この時点で当主になっていたとみてよいと思われる。さらに、遠山綱景の嫡子として隼人佑がみえている。

遠山綱景には、最初の嫡子として藤九郎があったが、天文十六年（一五四七）頃に死去したと思われ、この次男隼人佑は、藤九郎の死去により新たな嫡子とされたと思われる。すでに官途名を称しているから、二十歳代後半には達していたようで、おそらくは享禄期（一五二八〜）から天文期（一五三二〜）頃の生まれであったろう。

注目しておきたいのは、遠山隼人佑の妻は、玉縄北条綱成の娘（長女か）浄光院殿《じょうこういんでん》であったことである。彼女が、康成と同じ頃（天文五年）かその数年後くらいの生まれであったとすれば、すでに婚姻していたものと思われる。綱成の妹は松田盛秀の妻で、その嫡子憲秀は、甥にあたる。そのうえで長女を遠山家の嫡子隼人佑の妻にしていることになる。

ただし彼女は、これからすぐの永禄三年三月九日に死去してしまう。そのため隼人佑は後妻を迎えたとみられるが、その出自はまだ判明していない（遠山康光娘という所伝があるが、隼人佑の死後、康光嫡子康英の後妻となっていることからすると、そのままには採用できない。養女であったか、康英が養子であったかもしれない）。ちなみに隼人佑は同七年に死去するが、その二人目の妻との間に、娘（遠山直景妻、後述）・嫡子光吉（永禄七年生まれ、弥七郎・小兵衛）が生まれている。

こうした御一家衆や家老の婚姻関係については、当然ながら北条家当主の斡旋《あっせん》によったものであろうから、氏綱・氏康は、綱成とそれら「一族」の家格にあった有力家老との姻戚化をすすめたことになる。御一家衆とはいえ末席に位置したにすぎない綱成と、「一族」の有力家老の松田家・遠山家は、氏康らからはほぼ同格とみられていたのかもしれない。そのうえで両者の関係を密接化させることで、当主を支え合う存在にしようとしたのではないか。そのようなことがこれからの北条家にとって必要なことと考えていたのかもしれない。このようなところに、氏康の御一家衆・家老統制の在り方のひとつをみることができるように思われる。

氏康と遠山家の姻戚関係

ここで氏康と遠山綱景との姻戚関係について述べておくことにしたい。氏康が、綱景の娘を養女にして太田康資の妻としていたこと、彼女が氏康の姪と伝えられていることについては、先に少し触れた。このことから氏康と綱景の間には、何らかの姻戚関係があったことが想定される。ここで姪というからには、氏康の姉妹が綱景の妻となっていたか、綱景の姉妹が氏康の妾《しょう》になっていたかのいずれかと考えられるが、前者の可能性はないので後者の場合が考えられる。

それにともなって注目されるのが、氏康の妾に側近家臣の遠山康光の妻の姉妹がおり、二人の間に、天文二十三年（一五五四）に六男三郎（のち上杉景虎《かげとら》）が生まれていることである。遠山康光は綱景の弟と伝えられている。とすれば綱景は、氏康にとっては妾の相婿の遠山康光の兄という関係となる。しかしその娘が「姪」と称されるとは考えにくい。これでは遠縁のたぐいといわざるをえない。ではどのように考えたらよいであろうか。

そもそも綱景と康光を兄弟とするのは、江戸時代における系図史料によるだけで、当時の史料で確認できるわけではない。実際に次世代以降になると、親しい一族としてのかかわりをみることもできないように思われる。そこで考えられるのが、康光は元来は他家の出身であったが、綱景の姉妹と婚姻したことによって、遠山名字を与えられたのではなかったか、ということである。このように考えられるとすれば、綱景の姉妹は、氏康の妾と、康光の妻になっていたことになり、綱景の娘が氏康の姪というのも納得がいくのである。

これらのことについては確定するだけの史料がないため、あくまでも推測でしかないものの、少なくとも氏康が、綱景の姉妹を妾に迎えていたのではないかということ、妾の姉妹が遠山康光の妻であったということとをともに成立させようとすれば、そのように考えるのが適切のように思われる。ともあれ氏康が、遠山綱景とは姻戚関係にあったことは、ほぼ確実のことのように思われる。このことはまた、北条家当主は、遠山家のような家老との間に、姻戚関係を形成していたことを示すとともに、そのような関係を結んだ家老家は、遠山家に限らなかったに違いない。

「北条家所領役帳」の作成

氏康は、いままでみてきたように、足利義氏の永禄元年（一五五八）二月における官位昇進、四月における鶴岡八幡宮参詣など、足利義氏を源頼朝になぞらえるセレモニーを挙行して義氏と北条家とによる、これまでとは異なる新たな政治秩序の構築をすすめた。そしてこの年後半に入ると北上野の経略をすすめていった。そうして翌二年三月から四月の出陣で沼田領の確保を果たし、十月の出陣で吾妻領をも経略して、ついに北上野全域を制圧し、旧山内上杉家領国の併合に成功する。これらの出陣の直前の時期にあたる二月十二日に作成されているのが、「北条家所領役帳」であった。「役帳」は、北条家が御一家衆や家臣らに与えていた所領に対する、軍役・普《ふ》請役《しんやく》な

『北条家所領役帳』における衆別の人数と知行貫高

順番	衆　別	人数	知行貫高	
1	小田原衆（小田原城配属の軍団）	34	9202	当主直属
2	御馬廻衆（当主の直轄軍団）	93	8591	当主直属
3	玉縄衆（玉縄城配属の軍団）	18	4381	支城配属
4	江戸衆（江戸城配属の軍団）	74	12650	支城配属
5	河越衆（河越城配属の軍団）	22	4079	支城配属
6	松山衆（松山城配属の軍団）	15	3300	支城配属
7	伊豆衆（韮山城配属の軍団）	29	3393	支城配属
8	津久井衆（津久井城配属の軍団）	8	2238	支城配属
9	諸足軽衆（軍事専門の集団）	16	2260	当主直属
10	職人衆	26	903	無　役
11	他国衆	28	3721	無　役
12	社領	13社	1103	無　役
13	寺領	28寺	1289	無　役
14	御一家衆　古河公方足利義氏	1	395	無　役
	御一家衆　久野北条宗哲	1	5542	
	御一家衆　三浦衆（三崎城配属の軍団）	47	3861	支城配属
	御一家衆　北条氏堯衆	4	1383	
	御一家衆　小机衆（小机城配属の軍団）	29	3438	支城配属
15	客分衆	11	1050	無　役
	計	497	72779	

どの「知行役《ちぎようやく》」の負担状況を、軍勢編成の単位となる「衆」（軍団）ごとにまとめたものである。「衆」は、小田原衆・御馬廻衆・玉縄衆・江戸衆・河越衆・松山衆・伊豆衆・津久井《つくい》衆・諸足軽衆・職人衆・他国衆・社領・寺領・御一家衆・客分衆に分類され、軍役など知行役の負担をともなったのは、諸足軽衆までの御一家衆・家臣と、御一家衆のなかで古河公方足利義氏所領を除くものであった。したがって職人衆以下は、軍役などの負担がなかったのであるから、いわゆる譜代《ふだい》家臣とは性格を異にしていた。ちなみに他国衆というのは、従属する国衆《くにしゅう》のことで、勝沼三田《かつぬまみた》家や岩付《いわつき》太田家のような存在をいう。

これらが軍団ごとにまとめられているように、北条家の家臣団構造は、軍事編成を基本にして構築されていたことがわかる。そもそも戦国大名は、軍事行動を基礎にして存立していた権力体であったから、それは当然のことであった。この「役帳」は、永禄二年二月という一時点についてのものとはいえ、北条家という大規模戦国大名の家臣団構造を明確に示してくれるもので、戦国大名研究においても希有《けう》の史料となっている。この史料により、この時の北条家の家臣団は、小田原衆から諸足軽衆までの九つの軍団と、御一家衆北条宗哲・三浦衆（北条為昌旧臣団）・北条氏堯・北条三郎によって構成されていたことがわかる。

そこには、すでに御一家衆として活動をみせていた玉縄北条綱成の嫡子康成や、久野北条宗哲の次男氏信の名はない。彼らは独立した存在としてまだ扱われておらず、それぞれ父の綱成、宗哲の枠組みに含められていたようだ。さらに由井大石家を継承していた氏照、上野沼田家を継承していた康元もみえない。わずかに氏照の所領の一部にあたる、玉縄領や相模東郡・武蔵小山田庄に所在しているものだけが、他国衆のなかに「油（由）井領」としてあげられているにすぎない。それらはもとは北条領国で、大石家に与えられた所領とみられる。「役帳」に記載されている所領は、基本的には北条家から知行役賦課の対象とみなされていたものに限られているから、国衆の領国は記載の対象外であった。

他国の国衆を継承していたものに、もうひとり、氏康の五男乙千代丸（氏邦《うじくに》）がいた。氏邦は、天文十七年（一五四八）生まれとみられていて（浅倉直美「北条氏邦の生年について」）、この時にはまだ十二歳の元服前であった。前年の永禄元年には、武蔵《むさし》花園《はなぞの》領の藤田家を継承していたが、年少のために小田原に在所していたと思われる。藤田家では、弘治元年（一五五五）に当主の泰邦《やすくに》（右衛門佐）が死去していたが、後継者がなかったために、氏邦がその遺女（大福御前）の婿になって家督を継承することとなっていた。当然ながらこの氏邦についても記載はない。

「役帳」作成の背景

「役帳」はこのように、北条家から知行役賦課の対象とみなされた所領を有している、御一家衆や家臣などについて作成されたものであった。作成にあたっては、松山衆の太田泰昌《やすまさ》、御馬廻衆の関為清《せきためきよ》、小田原衆の松田筑前守《ちくぜん》（康定《やすさだ》か）が奉行を務め、清書を御馬廻衆の安藤良整《りょうせい》（法名）が務めている。なぜ彼らが作成の担当であったのかはわかっていない。作成の目的についても、明記されているわけではないので、はっきりとしたことはわかっていない。ただし内容が、これまで不明瞭《ふめいりょう》となっていた知行役負担をはっきりさせたり、知行役の負担量を規定していたりすることが目立っていることからして、知行役負担の状況を明確に規定するためであったことは間違いない。

この時点で、知行役負担について、すべてを明確に規定する必要が生じ、そのために行われたと思われる。逆にいえばそれまでは不明確な部分が多く存在していて、それによる不都合が限界に達してしまったから、ここにきて全体にわたって規定することになった、とみられる。そのことを端的に示してくれるのが、江戸衆寄親の太田康資の場合である。康資は千四百貫文余の所領高を有していたが、「役帳」作成以前に務めていた知行役は、わずかに五百貫文分にすぎなかった。それがこの時には、すべての所領が知行役賦課の対象になっているのである。これまで知行役を免除していた所領についても、あらためて賦課の対象にする、これが「役帳」作成の本当の目的であったに違いない。

では、なぜ「役帳」作成がこの時期であったのか、ということになる。そこで注目すべきは前後の政治状況であろう。直前の弘治年間には上野への進出を遂げて、以後は上野経略をすすめ、また北関東の国衆同士の抗争に介入して、北関東にも進軍するようになっていた。さらに房総における上総への進軍も継続されていた。そして作成の直後にみられたのは、やはり上野への進軍であり、そこでの具体的な目的は城普請であった。

このように「役帳」作成の前後の北条家の軍事行動は、上野などの北関東と房総におけるものになっており、それらはまた、多くの国衆の領国を飛び越えてのものであった。北条家の領国は、「役帳」に記載されている通り、伊豆・相模《さがみ》・武蔵南部・下総葛西領にわたる領域からなっていたが、実際の進軍先はそれから遠く隔たった地域だった。そこで生じた問題が、家臣が所領高に見合った知行役の負担をしなかったり、忌避したりすることであったとみられる。このような事態は、戦国大名の軍事行動が、本国を越えて展開されるようになると、どこの大名家でもみられるものであり、北条家においても、まさにこの時期がそれにあたっていたといえよう。その解決のために、この時期の「役帳」の作成となったと思われる。

ちなみに氏康は、その直前にあたる弘治二年頃から、家臣が動員すべき軍役人数に

『北条家所領役帳』所領高順
（20位まで、単位貫・文）

1	北条宗哲（御一家衆）	5457.086
2	松田憲秀（小田原衆）	2798.110
3	遠山綱景（江戸衆）	2048.435
4	北条三郎（小机衆）	1622.112
5	北条綱成（玉縄衆）	1533.915
6	太田康資（江戸衆）	1420.887
7	内藤康行（津久井衆）	1410.258
8	富永康景（江戸衆）	1383.734
9	大道寺周勝（河越衆）	1212.256
10	北条氏堯（御一家衆）	1168.757
11	垪和氏続（松山衆）	1128.675
12	清水康英（伊豆衆）	847.040
13	狩野介（松山衆）	821.558
14	花之木（小田原衆）	787.600
15	太田資正（他国衆）	776.400
16	正木時治（三浦衆）	698.727
17	間宮康俊（玉縄衆）	698.122
18	松田康長（御馬廻衆）	698.053
19	小幡源次郎（江戸衆）	673.300
20	山中頼次（河越衆）	599.814

ついて、所領高に応じて規定するようになっていた。それもいうまでもなく、遠隔地への出陣の常態化をうけての措置であったとみなされる。そうすると、この「役帳」の作成は、そうした措置を踏まえてさらに、賦課対象とする所領、賦課の割合について、全面的に規定し直した、という流れになっているとみることができる。

有力家臣の構成

「役帳」に記載のあるもののうち、御一家衆であったのは久野北条宗哲・玉縄北条綱成・北条氏尭・小机北条三郎（宝泉寺殿）であった。「衆」の寄親としては、小田原衆松田憲秀、御馬廻衆山角康定・石巻家貞、玉縄衆北条綱成、江戸衆遠山綱景・富永康景・太田大膳亮・太田康資、河越衆大道寺周勝・山中頼次、松山衆狩野介・太田泰昌・垪和《はが》氏続《うじつぐ》、伊豆衆笠原美作守・清水康英、津久井衆内藤康行、諸足軽衆大藤秀信、三浦衆山中康豊であった。

氏康が家督を継承した時点と比べてみると、寄親の構成者そのものに大きな変化はみられない。ただ、当初は北条為昌が、玉縄領・三浦郡・小机領・河越領を管轄していたことをみれば、配属先などについては変化があった。

またそれらの所領高をみてみると、御一家衆は、北条宗哲（五千四百貫文余）・北条三郎（千六百貫文余）・北条綱成（千五百貫文余）・北条氏尭（千百貫文余）の順であった。隠居の身でありながらも宗哲の所領高が突出したものとなっていることは驚きといえよう。また久野北条家当主の三郎が、年少にもかかわらず、玉縄北条綱成よりも所領高が高いところに、久野北条家の実力の大きさをうかがうこともできる。

郡代・寄親や評定衆などを務めた家老では、松田憲秀（二千七百貫文余）・遠山綱景（二千貫文余）・太田康資（千四百貫文余）・内藤康行（千四百貫文余）・富永康景（千三百貫文余）・大道寺周勝（千二百貫文余）・垪和氏続（千百貫文余）・清水康秀（八百四十貫文余）・狩野介（八百二十貫文余）・山中頼次（五百九十貫文余）・太田大膳亮（五百四十貫文余）・狩野泰光（五百十貫文余）・太田泰昌（五百貫文余）・笠原美作守（四百五十貫文余）・石巻家貞（三百貫文余）・山角康定（二百貫文余）・山中康豊（百六十貫文余）・大藤秀信（百二十貫文余）の順であった。

　このうち松田憲秀が、全体でも宗哲に次ぐ所領高で他を圧したものとなっている。また一千貫文以上の大身が垪和氏続まで七人いるが、そのなかの江戸衆太田康資・津久井衆内藤康行・江戸衆富永康景は旧来の所領を安堵《あんど》されたものである。垪和氏続も、駿河御厨《みくりや》を喪失した分に見合う所領を与えられたと思われるから、同様の存在であったといえる。

　逆に早くからの譜代家臣であったものでは、大道寺周勝がそれらに匹敵する位置にあるだけで、そのほかの笠原・石巻・山角は、それらと比較すると一様に小身といわざるをえない。彼らの役割が、軍事よりも行政にあったことがここからうかがわれる。大道寺家は、それらの家老とは区別されて、「一族」の家格を与えられて有力家老に位置していたが、それはこの所領高の違いにもみることができる。

世田谷吉良家の存在

「役帳」で、御一家衆・家臣の所領があげられている地域は、伊豆・相模・武蔵南部・下総葛西領にわたるもので、北条家からそれら地域の村落に直接に「国役」を賦課するという、直接的な領国であった。その状況は、これから三十年後の小田原合戦まで基本的には変わることはなく、そのためこれらの地域を、北条家の「本国」とみることができる。

そうしたなか、ひとつの地域が空白地帯となっている。「役帳」に記載されないということは、そうした「国役」が賦課されないだけでなく、北条家からの知行役も明確には規定されていない存在ということになる。それは武蔵世田谷領《せたがや》で、その領主は足利氏御一家の家格にある吉良《きら》家であった。この時の当主は吉良頼康《よりやす》（左兵衛佐、初名は頼貞《よりさだ》）で、氏綱の娘（三女か）を妻にしていた。

吉良家は、そもそも足利氏の惣領《そうりょう》筋にあたる家系で、室町幕府将軍家と鎌倉公方家それぞれに仕える一族があり、前者が三河《みかわ》吉良家、後者が武蔵吉良家であった。武蔵吉良家は、南北朝時代から世田谷郷（東京都世田谷区）や蒔田《まいた》郷（神奈川県横浜市）を所領としていて、戦国時代には世田谷郷を中心にした世田谷領という領国を形成していた。北条家に従うようになったのは、大永四年（一五二四）に氏綱が江戸領に進出してからで、頼康の父にあたる世代とみられるが、天文八年（一五三九）には氏綱の娘がその嫡子の頼康に嫁いで姻戚関係が結ばれ、その年には頼康の嫡子が生まれている。

頼康は、氏康の時代になってからの同十五年には当主になっていて、その後に実名を頼貞から頼康に改名している。「康」は氏康からの偏諱とみられるが、家格が吉良家のほうが上であったため、下字にされたと思われる。また同十七年には、太郎・次郎・辰房丸《たつふさまる》の三人の男子の存在も確認されている（戦北三三六）。妻の氏綱娘についてもその時までの生存が確認される。ただし氏綱娘は十年ほど前の婚姻であったから、すでに元服していたとみられる太郎・次郎は、先妻もしくは女房衆の所生の可能性が高い。幼名でみられる辰房丸のみ氏綱娘の所生であったように思う。

吉良家は、北条家に従う存在にはなったが、足利氏御一家の家格にあり、それは関東管領であった北条家よりも上位に位置した。そのため北条家は吉良家に対して、他の家臣に対してと同じように軍事動員などを行うことは、はばかられた。もちろん吉良家も、北条家に従う存在として軍事動員には応じるのであったが、それはあくまでも依頼に応《こた》えたにすぎないという体裁がとられた。そのため軍勢数などについても、所領高に応じて賦課する、ということはみられなかった。そうした立場は、国衆に対するものと同様といってよい。「役帳」に吉良家領の記載がないのは、そのような事情による。

氏綱は、天文八年から九年頃に、吉良家、次いで古河公方足利家と、相次いで婚姻関係を結んでいる。北条家が関東管領になり、関東政界での家格を大きく向上させて、それらを庇護する役割を確立したことにともない、姻戚関係を形成することによって、そのことを明確に表現しようとした。吉良頼康に対しても、足利晴氏に対しても、すでに男子がいたにもかかわらず、正妻として娘を嫁がせているのは、そうまでしても両家に対する影響力を常態化させるため、あるいは日常的に政治関係を維持しておくためであったと思われる。

戦国時代とはいっても、身分制社会であった。そして関東では、その身分制秩序は、室町時代以来のものが機能していた。北条家はすでに関東で最大の戦国大名となっていたが、その身分制上の位置づけは、伊豆・相模・武蔵・上野・下総・上総六カ国の「国主」、そして古河公方の補佐役としての関東管領であった。古河公方家が存続しているということは、身分制秩序は古河公方を頂点としたものが機能したのであった。北条家は、政治権力としての実力はそれらをはるかに凌駕《りょうが》していたとはいっても、そのなかに位置せざるをえなかった。そのため吉良家や古河公方家と姻戚関係をもって、関係性の維持にあたらなければならなかったといえる。

関東においてそのような古河公方を頂点とする身分制秩序が解体するのは、古河公方家・北条家がともに滅亡した小田原合戦によって、「天下人」羽柴秀吉《はしばひでよし》が構築する身分制秩序に覆われることによってであった。それはこれから三十年も先のことであった。

第四章　氏政兄弟衆の台頭

氏政に家督を譲る

永禄《えいろく》二年(一五五九)十二月二十三日、氏康《うじやす》は北条家の家督を嫡子氏政《うじまさ》に譲った。氏康は四十五歳、氏政は二十一歳であった。ここに氏政は戦国大名北条家の四代目当主となった。そして隠居した氏康は、小田原城内の「本城」に居住して、以後は「御本城様」と称されることになる。もっとも氏康はこれで政治的に引退したわけではなく、当主氏政を補佐し、時には当主に代わって家政を主導し、あるいは分担しつづけていくことになる。そのため当時、両者は「小田原二御屋形《おやかた》」とか「御両殿」と呼ばれていて、二人ながら北条家の最高指導者とみなされた。いわゆる両頭体制であった。

その直前の十月に、氏康は北上野《こうずけ》の経略を果たして、山内上杉《やまのうちうえすぎ》家の旧領国の併合を遂げていたから、それらの行動に一区切りついたためのようにも思われる。しかし、氏政が当主になってしばらくは氏康が家臣支配も継続したことからすると、そうした政治的理由によるものではなかったようである。むしろ新当主氏政になってからの最初の政策が、飢饉《ききん》下にあった領国の村落に対しての「徳政令《とくせいれい》」(正しくは年貢納入方法の緩和と徳政)の発令であったことをみると、領国を覆っていた飢饉状況への対応によるものであったと思われる。

北条領国では、二年前の弘治《こうじ》三年(一五五七)の天候不順を契機に飢饉状況が生じていて、それは永禄三年夏に頂点に達した。その直前の代替わり、そして直後に新当主による飢饉対策としての徳政令の発令、という流れをみると、この代替わりは、飢饉状況の深刻化のなかで、国王が交替することで「世直し」の情勢を創出し、飢饉対策に取り組むためのものであったと考えられるのである。この当時、災害・飢饉・戦争によって社会秩序が破壊されると、為政者の代替わりや元号を変更するなどして、秩序回復にあたることになっていて、それを「世直し」と称していた。氏康から氏政への代替わりは、まさに「世直し」として行われたとみることができる。

そのため実際の政策は、引きつづき氏康があたった。徳政令を実際に行ったのも氏康であった。氏政が譜代《ふだい》家臣を独自に統制するようになるのは、二年後の永禄四年からのことである。国衆《くにしゅう》に対する統制を行うようになるのは、さらに遅れて同六年からのことである。そして軍事行動において惣《そう》大将として活動していくようになるのは、氏康が出陣を停止した同九年からのことであった。

領国支配においても氏康以来の家老が担っていて、氏政取り立ての側近家臣がみられるようになるのは、永禄四年からであった。しかも氏康はその後も領国支配を担いつづけていて、出陣を停止した同九年からは独自の「武栄《ぶえい》」朱印状を創出して、北条家の本国地域における、「国役《くにやく》」賦《ふ》課・徴収にかかわる制度改革をすすめていく。評《ひょう》定衆《じょうしゅう》においても、同年まで氏康時代の家老が引きつづいてあたっていた。氏政取り立ての家臣が家政の中心を担うようになるのは、まさにその永禄九年以降になるのである。

このように氏政の当主としての役割は、じょじょに氏康から移行されていくというものであった。それは氏政への当主交替が、当初の計画によるものではなく、深刻な飢饉状況への対応という、緊急事態によるものであったからとみられる。さらにその後も、新たな政治情勢の変化と、それにともなう飢饉状況の継続のため、権限の移行が遅れていったのかもしれない。

北条三郎（宝泉寺殿）の死去

氏政が北条本家の家督を相続してから半年がたった永禄三年（一五六〇）七月二十日、小机《こづくえ》城主で久野北条家の当主であった北条三郎が死去した。年齢はわからないが、弘治二年（一五五六）から活動がみられたこと、通称が仮名のままであったことをみると、まだ三十歳前後くらいであったように思われる。妻はいたであろうが具体的には不明である。そして後継者も存在していなかったらしい。

ここで宗哲《そうてつ》は、久野北条家の当主を、次男氏信《うじのぶ》に替えたと思われる。しかし小机城主の地位については氏信には継承させなかった。代わって小机城主となったのは氏康弟の氏尭《うじたか》であった。すでに三十九歳になっていた。氏尭は弘治元年から宗哲の後見をうけながら、御一家衆《ごいっかしゅう》のひとりとして、一軍の大将を務めるなどの活動をみせるようになっていた。七月二日には、出羽《でわ》米沢《よねざわ》伊達《だて》晴宗《はるむね》に外交文書を出していて（戦北六三六）、伊達家への取次にあたっている。北条家の外交においても役割を担うようになっていたのである。

小机領が宗哲の管轄であったことからすれば、当主三郎の死後は、新たな当主となったとみられる氏信に、小机城主の地位もそのまま継承させてもよいように思われる。そうではなく氏堯が城主になったのは、宗哲は氏堯について、氏康弟にふさわしい領国支配における役割を果たすのが適切と考えたのかもしれない。あるいはこれについては、氏康が弟にふさわしい役割を与えようと考えていて、ちょうど小机城主の地位が空いたので、氏堯をそれにあてたのかもしれない。

どちらにしても氏堯は宗哲の影響下にいた人物であることからすると、小机領支配が宗哲の影響下におかれつづけることに違いはないといえる。しかしこのあと、氏堯の子孫が存在するようになれば、それは氏堯の子孫に継承されていく可能性も出てくることになるから、問題は大きく異なる。そもそも宗哲が小机領支配を管轄したのは、北条為昌《ためまさ》が早くに死去したためであったから、一種の緊急避難的な措置であったといえる。宗哲から三郎に継承されたのも、その延長であったのかもしれない。

氏堯のほうが、三郎よりも年長であったと思われるが、やはりその活動の少なさからすると、病弱などによって役割を十分に果たせる状況にはなかったのかもしれない。実際に氏堯は、永禄二年には病気であったことがわかっている（「兼右卿記」）。しかしここにきて四十歳を手前にして、ついに特定の領域支配を担うことになったということであろうか。あるいは新たに久野北条家の当主になった氏信がまだ年少であったかららかもしれない。

氏信はその後の永禄六年に、公家《くげ》の西園寺《さいおんじ》公朝《きんとも》の娘と婚姻しているが、それを二十歳くらいのこととみると、この時にはまだ十歳代にすぎないことになる。婚姻を二十五歳くらいとみてもこの時二十歳少しとなる。いずれにしても氏信がまだ若い年齢であったことは確かだ。そうすると氏信にそのまま継承されなかったのは、年齢的なものであったのかもしれない。これらのことは結局は、三郎や氏信という、宗哲の子どもたちの年齢が正確にはわからないため、十分に状況を把握することはできない。

長尾景虎の襲来

さて、新たな政治情勢の変化とは、永禄三年（一五六〇）九月から展開された、越《えち》後《ご》長尾《ながお》景虎《かげとら》の関東侵攻である。これまで北条家は、関東の政治勢力を経略することでその領国の拡大をすすめていたが、ここにきて、関東外部の戦国大名が関東に侵攻してくることになり、それとの抗争のなかで領国の維持、拡大を遂げていかなければならない状態となったのである。いうまでもなく氏康・氏政にとっても、長尾景虎にとっても、そのような事態に初めて遭遇するのである。この後の戦国史の展開は、そのように数ヵ国を領国とする大規模戦国大名同士の抗争が中心になっていく。

長尾景虎の侵攻があった時期、氏康・氏政は上総《かずさ》に進軍して、里見《さとみ》家の本拠の久留里《くるり》城を包囲しているところであった。景虎の侵攻をうけ、北条軍は包囲の陣を解いて、景虎への備《そなえ》のために河越《かわごえ》城・松山城に転進した。しかし長尾軍の進軍を食い止めることができなかったため、河越城・江戸城を最前線にして、籠城《ろうじょう》戦による防衛体制をとる。

長尾景虎が上野に進軍してくると、沼田《ぬまた》城が真っ先に標的となった。同城には沼田家の家督を継いでいた北条康元《やすもと》が在城していたが、沼田衆に景虎に応じるものが多かったためであろう、康元は開城して後退した。そして上野南部の高山城（群馬県藤岡市）に在城したが、十二月には同城も攻略され、本国に後退した（戦北五三二）。上野の国衆はたちまち景虎に従属し、北条方の立場を維持できたのは赤石那波《なわ》家と館林《たてばやし》赤井家にすぎず、そのうちの那波家は、同年のうちに滅亡させられている。これにより上野はほぼ景虎の勢力下となった。

なおこの高山城には、伊豆衆寄親《いずしゅうよりおやし》清水康英《みずやすひで》の嫡子新七郎（太郎左衛門尉《たろうさえもんのじょう》）も在城したことが伝えられている（「清水正花戦功覚書写」『群馬県史資料編7』三六九四号）。新

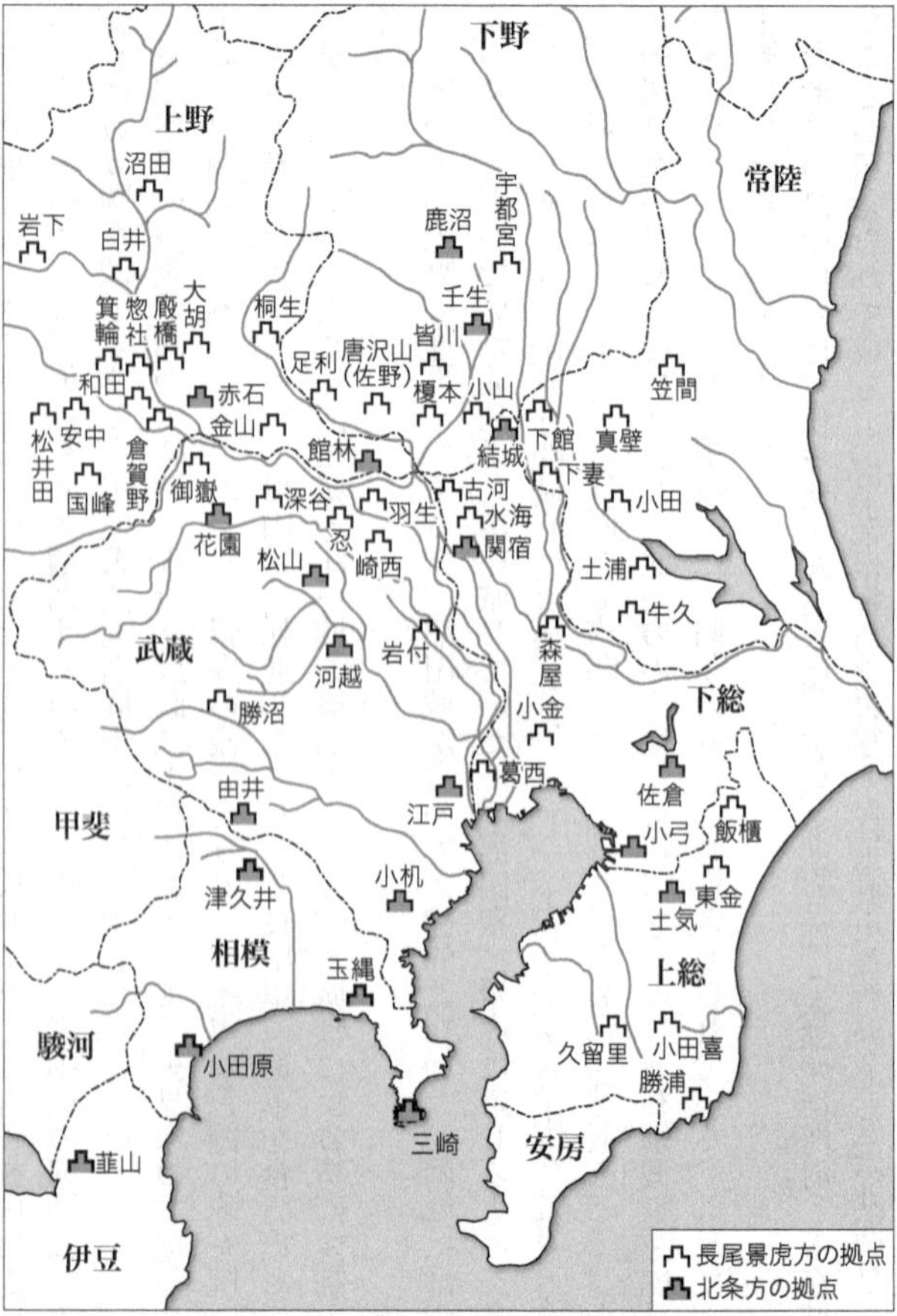

長尾景虎の関東侵攻に参陣した武将の拠点分布図（黒田基樹『関東戦国史』掲載図を基に作成）

七郎はまだ独立した軍団を率いていたわけではないであろうから、これは父康英とともにいた可能性が考えられる。同城が落城すると河越城に籠城することになるが、その高山城落城の際に、狩野介《かののすけ》が戦死したことがみえている。このことについてほかの史料では確認できていないが、事実とすれば これまでにみえていた狩野介は、ここで戦死したことになる。ということは、狩野介は松山城から前線に派遣されたことになり、またこのあとにみえる狩野介はその子ということになろう。

国衆の離叛《りはん》は上野だけでなく、武蔵《むさし》でも相次いだ。北条家の領国に接していた勝沼《かつぬま》三田《みた》家や岩付《いわつき》太田家までもが景虎に従った。北条方として残ったのは松山上田家だけであった。また花園《はなぞの》藤田家は氏康五男の氏邦《うじくに》が当主になっていたが、年少のため小田原城に居住していた。そのため家臣のなかに景虎に応じるものが現れた。下総佐倉《しもうささくら》千葉家配下の国衆でも小金高城《こがねたかぎ》家などが離叛、上総国衆でも東金酒井《とうがねさかい》家などが離叛した。さらに古河公方足利《こがくぼうあしかが》家の筆頭宿老の簗田《やなだ》家が離叛した。

古河公方家では、永禄元年に足利義氏《よしうじ》は、小田原訪問のあとに簗田家から本拠の関宿《せきやど》城（千葉県野田市）を提供させて、そこを本拠としていた。代わりに公方家歴代の本拠であった古河城（茨城県古河市）を簗田家に引き渡していた。簗田家が景虎に応じたことで、義氏は関宿城で籠城戦を展開するようになった。その際に、江戸衆寄親で古河公方家への取次を務めていた太田越前守《えちぜんのかみ》（二代目）が援軍として籠城に加わった（「結城家之記」）。なおそのほかにも、下総結城《ゆうき》家・下野壬生《しもつけみぶ》家も援軍に加わったが、翌年正月、周辺の国衆がすべて景虎方に従ったことで、本拠防衛のために退城したようである。

氏堯の河越城赴任

長尾景虎は、永禄三年（一五六〇）の暮れを上野厩橋《まやばし》城（群馬県前橋市）で過ごし、翌同四年正月から、北条家の本拠小田原城攻略を目指して進軍を開始した。最前線となっていた松山城は、二月には景虎方によって攻略され、岩付太田家が管轄することになった。また安房里見家も景虎に応じて北条方領国への侵攻を展開してきて、下総葛西《かさい》城が攻略された。そうして北条方は、河越城・江戸城と、三崎《みさき》城を最前線にして防衛していくことになる。そこでは従来から配属されている軍勢に加えて、新たな軍団が援軍として派遣されて、防衛体制が構築された。

具体的には河越城と三崎城である。河越城には、城代として大道寺周勝《だいどうじかねかつ》がおり、寄親として山中頼次《やまなかよりつぐ》がいた。氏康は、河越城が長尾方への最前線となるため、それだけでは不十分と考えたらしく、小机城主に就任したばかりの氏堯を指揮官として派遣する。またこの時、同盟関係にあった駿河今川《するがいまがわ》家から援軍が派遣されてきたが、それらも河越城に在城させた。氏堯と大道寺周勝の関係がどのように取り決められたのかはわからないが、家格からみれば、上位に位置した氏堯が、在城衆全体の指揮にあたったことは確実であろう。そのほかにも、上野高山城から後退してきた伊豆衆寄親清水康英も籠城したという。

なお氏堯の同城在城については、史料的にはこの永禄四年時しか確認されていない。他方、大道寺周勝の城代《じょうだい》としての活動についても同年四月までしか確認できない状況にあり、かつそれが活動を示す最後になっている（戦北六九九）。もしかしたら周勝は、その後しばらくして死去してしまったのかもしれない。また、周勝には「役帳」の時点では、嫡子源六《げんろく》が存在していたが、その後はみえない。そして大道寺家の家督は、その後の同六年三月に、周勝の弟と思われる資親《すけちか》（弥三郎か、駿河守）に継承され、河越城代の地位も引き継がれている（戦北四一五七）。このことからすると、周勝嫡子の源六は、その間に死去し、そのため弟の資親が継承したのであろう。

このように大道寺家では、永禄四年から同六年の間に代替わりがあった。しかもその間の大道寺家の動向はまったく確認できていない。その間の軍事情勢は、依然として敵方への最前線に位置するという厳しい状況がつづいていた。そうしたことからすると、氏堯の在城は継続されたように思われる。そうであれば氏堯は、小机領支配に加えて、河越城在城という役割も担ったことになる。

もうひとつの三崎城には、三浦衆が在城していた。同城は対岸の房総半島への最前線にあたり、敵対する里見家は、上総・下総の北条方への攻勢を強めてきていただけでなく、景虎の侵攻にあわせて海路から相模《さがみ》に侵攻してくることは必至であった。そのため氏康は、玉縄《たまなわ》北条綱成《つなしげ》を三崎城に配備する。そして玉縄城では、嫡子康成《やすしげ》が留守を務めることになる。

吉良氏朝の登場

またこの時、氏康は世田谷《せたがや》吉良《きら》家についても動員を図っている。永禄四年(一五六一)二月の時点までは、江戸湾における水軍基地ともいうべき相模浦賀《うらが》(神奈川県横須賀市)に、吉良家の軍勢を配備しようと考えていたらしい。しかし同月下旬になって、「遠慮多い」として玉縄城への配備に変更している(戦北六六四)。これは浦賀が、もし里見家が相模に侵攻してきた際、最前線のひとつとして攻撃対象とされることになるからであろう。吉良家の軍勢を、そのような危険な場所に配置することには、はばかりがある、ということと思われる。もうひとつの理由は、吉良家の軍勢はそれほど合戦経験が豊富ではなかったであろうから、最前線に配備して簡単に敗北されては困る、ということもあったように思われる。

この吉良家では、長尾景虎の関東侵攻をうけてから大きな変化が生じていた。前年十二月に頼康《よりやす》が隠居し、夫婦養子が取られて、それに家督が譲られたのである。頼康

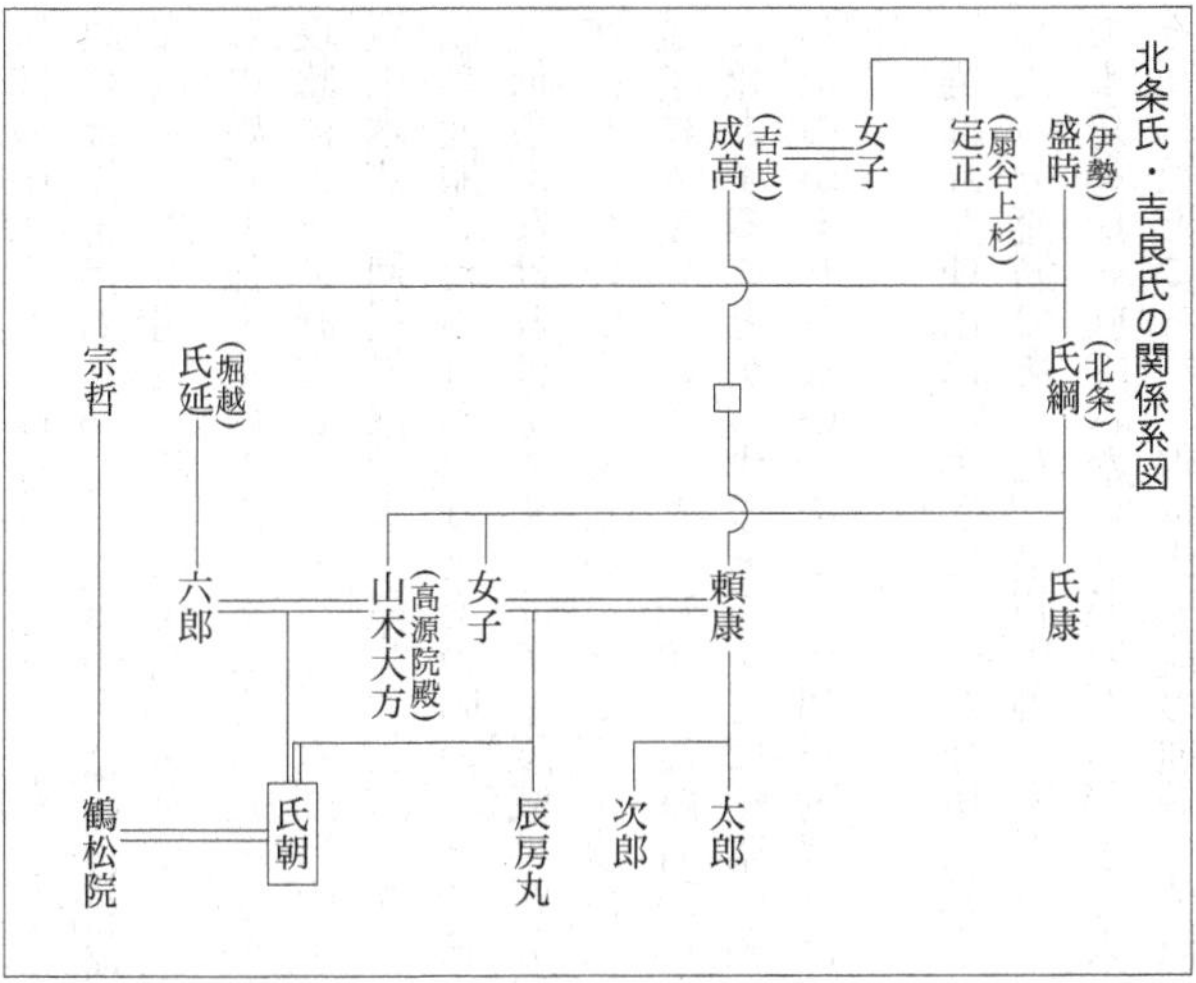

北条氏・吉良氏の関係系図

には三人の男子があったが、いずれも死去するなどして、後継者不在となっていたのであろうか。あるいは三人の男子のうち、正妻の氏康妹の所生は、末子の辰房丸《たつふさまる》だけとみられるから、その子が早世したため養子が迎えられることになり、長男・次男は排除されたのであろうか。推測はいろいろできるが、ともかくも頼康は、適切な後継者がいなかったため、夫婦養子を迎えたと思われる。

そしてその養子となったのが氏《うじ》朝《とも》という人物であった。氏朝は、遠江《とおとうみ》今川氏嫡流の堀越六郎《ほりこしろくろう》の子で、天文《てんぶん》十一年（一五四二）生まれであった。母は氏綱《うじつな》の五女で氏康妹の山木大方《やまきのおおかた》（高源院殿《こうげんいんでん》）であった。したがって氏朝は、氏康には甥《おい》にあたり、氏政には従弟《いとこ》にあたった。堀越家は遠江見付城《みつけ》（静岡県磐田市）を本拠にしていて、天文六年からの河東《かとう》一乱では氏綱に味方した。その時の当主は六郎の父氏延《うじのぶ》であった。この婚姻関係もそのなかで形成されたと思われる。しかし同十年頃には、今川義元《よしもと》の攻撃によって滅亡したとみられ、六郎は山木大方とともに北条家を頼って移住し、伊豆山木郷（同伊豆の国市）に居住した。弘治三年（一五五七）頃に六郎は死去した。氏朝が元服したのはちょうどその頃のことであろう。

何事もなければそのまま北条家縁戚《えんせき》の客分衆として、伊勢《いせ》家や小笠原《おがさわら》家のような存在になったのかもしれない。ところが永禄三年十二月に、突如として世田谷吉良家の養子に入ることになった。頼康に後継者がいなかったということ、頼康が翌年十二月に死去することからすると、すでに頼康の病態は重く、一刻も早い家督譲与が考えられたのかもしれない。そこで氏朝が選ばれたのである。この時、氏朝は十九歳であった。

選ばれた理由は、まさに氏朝が今川堀越家の嫡流だったからであろう。今川氏は吉良氏の分流筋であった。足利氏御一家という高い家格を有する吉良家に、いくらなんでも足利氏一族ではない北条家から養子を入れることは、はばかられたのであろう。しかも氏康のそうしたところに、吉良氏庶流の血統に位置した氏朝がいたのである。

甥であり、今は母ともどもその庇護《ひご》下に置かれている。氏康にとって氏朝は、吉良家を継承させる恰好《かっこう》の存在であったといえる。

養子入りにあたっては、北条宗哲の娘を妻にした。十二月十六日、宗哲は氏朝に嫁ぐ娘に対して、嫁入りのための心得として二十四ヵ条にもわたる長文の覚書を書き与えている（戦北三五三五）。これは、吉良家ほどの名門武家における諸作法の内容をうかがうことができる、きわめて貴重な史料ともなっているが、ここでその内容をみることは控えておく。なお文中には、北条家御一家衆として氏照《うじてる》と氏信の名があげられていたり、家老では笠原・清水の名があげられていて、訪問の際の礼の在り方などが記されている。そして、この婚姻により、氏朝は宗哲の後見をうけることになったと思われる。

この婚姻のうえ、十二月二十六日に頼康と氏朝は連署《れんしょ》で文書を出し（戦北六五七）、この時に家督を継承したものと思われる。そして翌四年二月からは、氏朝は吉良家家臣に対して単独で文書を出していく（戦北六六八）。氏康が、吉良家の軍勢を動員しようとしていたのは、ちょうどこのような時期にあたっていた。北条家縁戚の氏朝の吉良家継承によって、北条家にとってはこれまで以上に関係を深めていくことができるようになったのである。ただしばらくは、吉良家への統制には、当主の氏政ではなく隠居の氏康があたっている。北条家の譜代家臣の範疇《はんちゅう》には含まれない存在であったから、最高指導者の氏康が統制にあたるのがふさわしいとされたと思われる。

氏邦の花園領への入部

長尾景虎は、永禄四年（一五六一）三月下旬には小田原城近くまで進軍してきたが、北条家と同盟関係にあった武田信玄《たけだしんげん》（晴信《はるのぶ》）・今川氏真《うじざね》がともに自ら援軍として出陣してくる情勢となったためであろうか、すぐに退陣し、閏《うるう》三月初めに鎌倉に入った。そして山内上杉憲政《のりまさ》（当時は法名光哲）から家督を譲られて、上杉政虎《まさとら》を名乗って山内上杉家の当主となった。同時にその家職であった関東管領《かんれい》職も継承した。政虎はその後、実名を輝虎《てるとら》に改名、さらに法名謙信《けんしん》を名乗ることから、以下においては上杉謙信の名で記すことにする。

この謙信の山内上杉家継承により、再び関東には二人の関東管領が存在することになった。かつ両者は、関東武家勢力の統合をめぐって、これから天正《てんしょう》六年（一五七八）までの二十年近くにわたって抗争を繰り広げることになる。また謙信の侵攻にあたって、古河公方には義氏ではなく、簗田家に擁立されたその庶兄の藤氏《ふじうじ》を据えた。ここに義氏・北条家と、藤氏・謙信という、二つの公方・管領の政治秩序が生じることになった。これについても天正二年に、北条家が古河公方家勢力の統合を果たすまで、政治秩序の分裂状態が継続していくこととなる。

謙信はその後、六月に関東から帰陣した。すると氏康・氏政は、ただちに反撃を展開し、離叛した国衆への攻撃をすすめていく。七月には勝沼三田家の領国に侵攻し、八月上旬には三田家を滅亡させて、勝沼領を経略。九月上旬には、花園領に向けて進軍した。その時の九月八日、乙千代丸（氏邦）が藤田家臣に初めて文書を出している（戦北三九七二）。乙千代丸は元服前の十四歳であったが、ここでは通常は十五歳になってから持つことになる花押《かおう》を据えている。しかしその花押は、年末から使用されるものと比べるといかにも稚拙である。もしかしたら急遽《きゅうきょ》、花園領に入部することになったため、あわてて花押を作ったのかもしれない。

こうして乙千代丸は、上杉方への反撃にともなって、にわかに花園領支配を開始することになった。乙千代丸は、北条軍に同陣して、そのまま花園城に入城したのかもしれない。そして、ほどなくして前当主藤田《ふじた》泰邦《やすくに》の遺女大福御前との婚儀をあげたと考えられる。

その後は、北条派家臣の用土《ようど》業国《なりくに》や南図書助《みなみずしょのすけ》らを中心に離叛勢力の鎮圧をすすめていった。そして十二月初めに、秩父《ちちぶ》郡高松城（埼玉県皆野町）の攻略をもって、花園領における叛乱勢力の鎮圧を遂げるのである。この時から、乙千代丸はきちんとした花押を使用するようになっている。この間に、きちんとした花押を作ったに違いない。そしてこの後、花園領全域に対する領国支配を展開していくのである。

なお乙千代丸は、翌年の十月まで幼名のままで、元服が確認されるのはそれから二年後の同七年六月まで下っている。元服は十五歳あたりで行われるのが慣例であることからすると、十五歳の永禄五年か、十六歳の同六年に行われたようだ。元服によって、仮名「新太郎」、実名「氏邦」を称した。仮名はおそらく養家の藤田家に由来するものとみられる。もしかしたら養父泰邦のものであったかもしれない。そして実名は、北条家の通字を泰邦の一字に冠したものであった。

氏照の外交への参加

北条家が勝沼領を経略する際、隣接する由井《ゆい》領を領国としていた氏照は、先陣を務め、その経略に尽力した。そして同領は、そのまま氏照に与えられた。経略直後、同領がどのように扱われたのかはわかっていない。氏照による領国支配は、永禄五年(一五六二)四月から確認されるにすぎないが、その状況からすると、勝沼領は経略後すぐに氏照に与えられたように思われる。

これにより氏照は、大石家領国であった由井領と、三田家領国であった勝沼領を併せて領国とすることになった。それは武蔵西南部の一帯にわたるものであり、かなりの広域といえるであろう。それまでの本拠の由井城(東京都八王子市)では南に偏りすぎ、上杉方へ対抗するのに支障があったのか、同六年から同十年のうちに多摩川沿いに出て、滝山城《たきやま》（同）を本拠として構築し、移転している。そのため領国は滝山領と称された。さらにその後の天正八年（一五八〇）から同九年の間に、西方との軍事緊張への対応のため、新たな本拠として八王子城《はちおうじ》（同）を構築し、移転するのである。そして領国は八王子領と称されることになる。

氏照は、勝沼領を経略した永禄四年から、このように軍事行動に参加するようになっていたが、その年にはさらに外交にも参加するようになった。同年十二月までに、それまで上杉方に属していた下野佐野《さの》昌綱《まさつな》（豊綱《とよつな》の子）が上杉方から離叛して、再び北条家に従属するようになったが、その佐野家への指南《しなん》を氏照が務めているのである。翌同五年三月、氏照は佐野家の外交担当の一門であった天徳寺《てんとくじ》宝衍《ほうえん》（昌綱の弟）に書状を出しており、指南を務めていることが確認できる（戦北七四六）。

国衆への指南は、従属の際に取次を務めたことに始まることからすると、氏照は佐野家の従属の際にその取次を務めたことがうかがわれる。したがって同四年十二月頃の従属時に、氏照はそのような国衆の従属を取り次ぐという外交への参加をみせていたことがわかる。こうした氏照の外交における活動は、その後、年を追うごとに拡大していく。永禄七年からは上総勝浦正木《まさき》家、同八年からは武蔵忍成田《おしなりた》家、同九年からは上野廏橋毛利北条《もうりきたじょう》家、下総関宿簗田家、同十年からは下総栗橋《くりはし》野田家、南陸奥《みなみむつ》芦名《あしな》家といった具合である。

これらは新たに北条家に従属してきた際に、氏照に取次が頼まれたことによるものであった。注目されるのは、芦名家は、永禄六年までは玉縄北条綱成を取次にしていたが、同十年からは氏照に代わっている。それらの国衆は、それまで取次の経緯のあった綱成よりも、氏照に頼んだほうが適切と判断したから、そのような交替がみられたのであろう。それだけ、氏照の外交における発言力が強められていたことがうかがえる。

ちなみにその後の天正期（一五七三〜）になると、さらにその対象は拡大をみせていて、下総結城家・下野壬生家・上野那波家・常陸牛久《ひたちうしく》岡見《おかみ》家・同足高岡見《あだかおかみ》家・同佐《さ》竹《たけ》家・南陸奥白川家・同田村家・同伊達家という具合になっていく。いわば下野・常陸・南陸奥の国衆への指南・取次を一手に引き受けるかたちになっている。また天正十年までは織田信長・徳川家康への取次も担っていた。まさに北条家の外交担当ともいうべき役割を果たすようになっていた、といえる。その出発点として位置したのがこの佐野家への取次であったのである。

松山城の回復とその在城衆

北条家は、永禄五年（一五六二）四月に下総葛西城を攻略し、葛西領を回復した。すでにそれと江戸川対岸に位置した小金高城家も、前年のうちに再従属がなっていた。

同六年二月には松山城を攻略し、松山領を回復した。しかし、その後の上杉謙信の行動によって、武蔵忍成田家・崎西《きさい》小田家・下野藤岡茂呂《ふじおかもろ》家・小山家・上野桐生《きりゅう》佐野家など、その間に北条方に復帰していた国衆が、再び上杉方になるという状況となった。

この時点での武蔵北部における勢力は、河越領・松山領・花園領が領国で、深谷《ふかや》上杉家・御嶽安保《みたけあぼ》家が味方になっていた。一方、岩付太田家・忍成田家・崎西小田家・羽生広田《はにゅう》家らが敵対、ということとなり、そこでは河越城・松山城がそれらへの最前線に位置した。

このうち松山城については、新たに在城衆が配属されていたに違いないが、具体的な構成は不明である。松山領の国衆上田宗調《うえだそうちょう》（実名朝直《ともなお》）は、かつてと同じく同城に在城したと思われるものの、北条家の所領も存在したので北条家臣の在城衆もいたことは間違いない。かつての寄親であった狩野介・太田泰昌《おおたやすまさ》・埖和氏続《はがうじつぐ》にはこの時期、いずれも松山城とのかかわりをみることはできない。

もっとも彼らについては、この時期の活動自体あまりみられておらず、わずかに同四年十一月の武蔵生山《なまのやま》合戦で、太田泰昌が戦功をあげていることが知られる程度である。氏康・氏政に従軍していたようだが、その泰昌も、同六年八月四日に死去している。家督は嫡子十郎が継いだと思われる。また狩野介については、先に触れたように、同三年十二月の高山城落城の際に戦死していたとすれば、このあとに出てくる狩野介は、その子ということになる。

そして狩野介らの活動が確認されるのは、いずれも永禄十二年のことになる。彼らのような寄親は、どこかの拠点に在城したに違いないので、他所での活動が確認できないことから、かつての松山城に再び在城したのではないかと思われる。もうひとつ気になるのが、永禄六年十二月二日に河越衆寄親の山中頼次が「一城」を守備したという所伝である（『小田原編年録』所収山中系図）。この時期に寄親を新たに配置する対象としては、松山城がもっともふさわしいと思われるので、同城には、山中頼次が河越城から配置換えになったのかもしれない。そうではあっても、山中頼次の動向が知られるのはこれが最後である。頼次の家督は嫡子頼元《よりもと》（彦四郎・大炊助《おおいのすけ》）に継承されるが、その活動が確認されるのは同十二年からのことになる。

いずれにしても回復後の松山城に、どの寄親が在城したのかは、いまだ判明していない。狩野介・太田泰昌（ないしその子十郎）・垪和氏続というかつての在城衆や、河越衆であった山中頼次などが想定されるものの、確かではないのが現状である。

氏堯の死去と氏信の継承

もうひとつの最前線拠点であった河越城については、先に述べたように、永禄四年（一五六一）以来、氏堯が在城しつづけていたとみられる。また同城には、城代として大道寺家がいたが、同六年三月からは大道寺家の当主は資親になっていた。さらに寄親として山中頼次も在城していたとみられるが、これについては先に述べたように、同年十二月には別の地に転属となっている。そのような状況のなか、その年四月八日に氏尭は死去した。大道寺資親が、その直前に河越城代としてみえているのは、氏尭が病体であったことによるのかもしれない。この後再び、大道寺家については城代としての動向はしばらくみられなくなる。

氏尭の没年は確定されているわけではなく、忌日が判明しているにすぎない。その死去をこの永禄六年とするのは、翌七年正月の時点で、河越城代を氏信が務めていることによる。すなわち、次に触れる第二次国府台《こうのだい》合戦に際して、「川越」から「新三郎」（氏信）が参陣していた（北条補遺一三一）。これにより、その時点で、氏信が氏尭に代わって城代の地位にあったことが確認できるのである。氏尭の動向は、前年の同五年十月までしか確認されていないうえに、その後任の小机城主になったのが氏信であったから、氏信が同時に河越城代を務めているのは、ともに氏尭からの継承とみるのが適切である。そしてその間の四月八日というと永禄六年しかないので、氏尭の死去はその年のことと推定されるのである。

ちなみに第二次国府台合戦時に、氏信が河越城代であったとされる史料として、合戦後に氏康・氏政が、小田原城留守居の宗哲・松田盛秀《まつだもりひで》・石巻家貞《いしまきいえさだ》に宛てて、合戦とその後の状況を伝えたものがある。直接の典拠とする写本では、その部分は「新太郎」となっていて、一見すると氏邦のことのように思われる。しかしその史料は、江戸時代前期に成立した軍記物に下敷きの史料として利用されていて、それに基づいている「北条五代記」や「国府台戦記」（『改訂房総叢書第一輯』所収）では「北条新三郎」と記されている。内容的にも、宗哲に子息の動向を伝えるような文章としてみえているので、これは「新三郎」すなわち氏信とみることで間違いないと考えられる。

これらによって、氏堯は永禄六年四月八日に死去し、小机城主・河越城代の地位はともに、宗哲の次男で久野北条家の当主であった氏信に継承されたと思われる。もっとも氏堯には、弘治二年（一五五六）頃生まれの氏忠《うじただ》（六郎・左衛門佐）、さらにその弟に氏光《うじみつ》（四郎・右衛門佐）と、二人の男子があった。しかしともに十歳にも満たない幼少であったため、それらの役割は氏信に継承されることになった。もともと小机城主の地位は、前代は氏信の兄三郎（宝泉寺《ほうせんじ》殿《でん》）であったから、それが再び宗哲の管轄するところに戻された恰好となった。

ちなみにこの氏堯の二人の幼い男子は、伯父《おじ》の氏康に引き取られ、その後は養子として扱われることになったと思われる。とはいえ、それらの活動がみられるようになるのは、もう少し先のことになる。

太田康資の離叛

葛西城・松山城の相次ぐ攻略をうけて、北条家が攻勢を強めていったのは、敵方最前線に位置することになった岩付領であった。岩付領は、北条領国のなかに突出して存在するかたちになっていたから、北条方が攻勢を強めていったのは当然のことであった。これに対しては、上杉謙信も自らの味方勢力に支援を要請し、なかでも里見家がそれに応じて、永禄六年（一五六三）末には江戸湾近くまで進軍し、葛西領への侵攻を図って小金領市川《いちかわ》（千葉県市川市）に在陣した。そして里見家は、岩付城への兵糧米の搬入を図って米を買い付けようとしたが、値段が折り合わず、搬入することができないでいた。

この里見家の進軍をうけて、江戸衆寄親であった太田康資《おおたやすすけ》が離叛し、里見方の陣に加わったのである。康資は江戸領における最大の領主であり、家臣と合わせて二千貫文近くの所領を有しており、その大半が江戸領に所在していた。それらの所領は北条家に家臣化する以前から領有していたものであったから、家臣とはいえ本質的には国衆に近い存在であったといえる。そのため氏綱・氏康は、この江戸太田家を重視して、婚姻関係を重ねてきた。康資の母は氏康の妹で、康資は氏康には甥にあたり、また妻は氏康の養女でその姪《めい》（遠山綱景《とおやまつなかげ》の娘）、という具合であった。

その康資が、ここにきてなぜ離叛したのかといえば、どうやら戦功に対する見返りへの不満にあったらしい。北条家は二年前の永禄五年、江戸領に隣接する下総葛西城を攻略したが、それは康資の軍団によるものであった。氏康はあらかじめ康資に、同城を攻略したら葛西領を与える、と言っていたらしい。ところが実際には氏康は葛西領を与えることはなく、以前のとおりに遠山綱景らに与えたとみられるのである。康資はこのことをひどく不満に感じたらしい。

　氏康が本当にそのような約束をしたのかは定かではないが、葛西城攻略の戦功に見合うような所領を与えるなどのことがなかったことは確かであろう。康資の不満はおそらくそれだけではなかった。氏康が当主になってすぐ、同心であった太田宗真《そうしん》が北条家直臣に取り立てられ、同等の寄親にされていたことがあった。太田宗真の所領のほとんどは、それまでに江戸太田家から与えていたものであったから、江戸太田家にとっては、事実上の家臣と所領の削減にあたった。また永禄二年の「役帳」作成を機に、それまで五百貫文分しか知行役《ちぎょうやく》を務めていなかったところに、千四百貫文余のすべての所領について務めることにされた。軍役《ぐんやく》などの負担は三倍になった。これらのことが不満の根底にあり、葛西城攻略の戦功が報われなかったことで爆発したのかもしれない。

　ただし、家老たちは康資の行動には従わなかった。家老の太田次郎左衛門尉《じろうさえもんのじょう》（のち下野守）・恒岡弾正忠《つねおかだんじょうのじょう》（のち越後守）はそのまま江戸城に残ったのである。太田次郎左衛門尉の姉妹か娘は康資の妾《しょう》になっており、一子駒千代王丸が生まれていた。康資の外戚にあたるこの家老でさえもが、この行動には従わなかった。彼らは康資に従うのではなく、北条家のもとでの存続を選択したとみられる。康資の行動は家中から支持をうけることはできていなかったといえる。

しかしそうではあっても、康資の軍事力は大きく、その家臣の多くが康資に味方してしまうのは危険である。そこで氏康は、翌七年正月一日、太田次郎左衛門尉・恒岡弾正忠に、太田家中が敵方に味方しないよう対処を命じている。さらに江戸城に北条康元を派遣し、太田家中の妻子を康元に預けるよう指示している（戦北八三五）。

太田康資の離叛という事態に接して、氏康は、江戸城の軍事力の維持のために、御一家衆のひとりであった康元を派遣したのである。康元はかつて、上野沼田家を継承して沼田城にいたが、長尾景虎の侵攻によって同城から没落していた存在であった。ここで氏康は、その康元を新たに江戸城に在城させたのである。

このようななか、里見軍の兵糧米調達が難航している状況をうけて、江戸衆や高城家は氏康に、出陣の好機であることを繰り返し連絡した。正月四日、氏康はそれをうけて急遽、葛西領への出陣を決し、家臣らに出陣を命じた。明日五日昼までに小田原に参集すること、兵糧は三日分だけ用意すればよく、それ以上についてはこちらから貸すとしている（戦北八三六）。兵糧を用意しようとすれば、準備に時間を要するので、迅速な出陣は難しくなる。そのため三日分だけ用意させて、それ以上に必要になったら、北条家から貸すことにしたのである。まさに電撃的な出陣を意図したものであった。

国府台合戦の衝撃

北条軍は、氏康・氏政を大将にして、五日に小田原を出陣した。軍勢の参陣は五日昼以前といっていたから、昼頃には出陣したのかもしれない。七日には江戸城に着陣。そして里見方と対峙《たいじ》するために、葛西領に進軍したと思われる。そうして起きるのが第二次国府台合戦である。

なおこの合戦については、江戸時代の軍記物の多くで、七日・八日両日にわたって合戦が行われたと伝えられてきている。しかし合戦は、八日の一日だけであったようだ。合戦直後に氏康と氏政は、八日付けで、小田原城の留守居に置いてきた北条宗哲・松田盛秀・石巻家貞に、その戦況を報《しら》せる書状を出しており、そこでは合戦は八日だけであることが記されている（北条補遺一三二）。またこの合戦で、江戸衆の遠山綱景・隼人佑《はやとのじょう》父子、富永康景《とみながやすかげ》が戦死するが、いずれもその忌日は正月八日と伝えられている。これまでは彼らの戦死は七日のこととされていたが、合戦が八日だけであったとすれば、忌日はまさに所伝どおりでよいのである。

では合戦はどのような経緯ですすめられたのか。氏康・氏政の書状にはその状況が具体的に記されているので、その内容をみてみよう。

八日の一戦に勝利したという連絡があったので、すぐに陣場からこの書状を出しました。今度の□（結果か）は前代未聞のことです。

当初は敵が退いたと言って来たことを勝利したと思い、先衆は「がらめき」の瀬を越えました。敵は「大将」里見義広《よしひろ》（義弘）を始めとして安房《あわ》・上総・武蔵岩付勢で、国府台から十五町の内に備えていました。この事実を知らないで遠山（綱景）以下は軽率に国府台に上ったところに、敵はまっすぐに押し掛けてきたので、坂の半分で（軍勢は）崩れ、丹波守《たんば》（遠山綱景）父子（遠山隼人佑）・富永（康景）その他雑兵五〇人が討たれました。ちょうどいい時に氏政の旗本軍が攻めたので、すぐに押し返して、敵を討ち取りました。（氏康は）要害にいたため、氏康の旗本軍はこの状況を知りませんでした。

すでに先衆がこのような状態になっていたことに対して、続いての軍事作戦も思い当たらなかったところ、後続の軍勢を召集して戦陣を立て直し、ひたすら決戦することに決め、国府台から三里下へ移動しました。敵もそれにあわせて軍を寄せてきたので、酉刻《とりのこく》（午後六時前後）になって一戦し、すぐに勝利しました。正木弾正左衛門尉・里見民部（実房《さねふさ》か）・同兵部少輔・薦野《こもの》神五郎《じんごろう》（時盛《ときもり》）・加藤・

長南・多賀《たが》蔵人《くらんど》（信家《のぶいえ》か）を始めとして二千余人を討ち取りました。太田美濃《みの》（資正《すけまさ》）も深手を負って下総方面に逃げました。その軍勢については太田下総（下野守）・常岡（恒岡）・半屋（埴谷）を始めとして悉く《ことごと》討ち取りました。義広も討ち死にしたということでしたが、その頸《くび》はまだ見ていません。椎津《しいづ》・村上両城は自落（開城）したと言って来ました。

源三（北条氏照）・左太（左衛門大夫）父子（北条綱成・康成）・（松田）左馬介（憲秀）はいつもながら活躍しました。新三郎（北条氏信）については、良いときに川越（河越）から到着し活躍しました。今回の戦争は最初から最後まで（氏政・氏康の）両旗本軍で討ち留めました。この上は小田喜《おだき》・左貫《さぬき》（佐貫）を攻めるつもりですが、さしあたり今回は帰陣することにします。

ここにはみえていないが、「北条五代記」によれば、最初の合戦は午前八時頃に行われたという。北条軍は、氏康軍と氏政軍に分けられ、氏政軍の先陣を、江戸衆遠山父子・富永らが務めた。敵が後退したとの情報を、敵の敗北と思い込んで台地に攻め上ったところに、敵軍の攻撃をうけ、坂の途中で崩れて、先陣の大将の遠山綱景・隼人佑父子、富永康景らが戦死してしまった。なお「北条五代記」では、さらに山角康定《やまかどやすさだ》・太田大膳亮《だいぜんのすけ》（越前守）なども戦死したように記しているが、これは誤りと思われる。しかし氏政の旗本軍が進軍してきたため、敵を押し返した。この時の氏政の働きは、「前代未聞の猛大将」と家臣たちは感じ入った、という。

この時、氏康は「要害」に在陣していたため、その状況を把握できなかったらしい。「要害」とは、葛西領の拠点である葛西城とも思われるが、むしろ前線に構築された陣城とみるのが妥当であろうか。氏康はすぐに重ねての決戦と決め、後続の軍勢を召集して戦陣を立て直した。午後四時頃に氏政を大将とする軍勢が、台地の下に向けて進軍したらしい。なお「北条五代記」では、時刻を午後二時頃とし、次の合戦の時刻を同四時頃としているが、書状ではそれを同六時頃としているので、進軍開始はその二時間前とすれば、午後四時頃のこととみられる。ちょうど霞《かすみ》が立っていたため、敵には気づかれなかったという。そして午後六時頃になって、氏康を大将とする軍勢も台地に近づき、二手から攻め懸かった。

里見方はこれをうけて、台地を下って二手に分かれて応戦してきたが、北条軍はこれに大勝し、この時の合戦では、正木弾正左衛門尉・里見実房・正木信成《のぶしげ》などの一門・家老をはじめ多くを討ち取った。さらに、兵糧の搬入をうけることができなかったためか、太田資正は本拠の岩付城から出陣してきて里見軍に合流していたが、その資正も深手を負って、里見軍とともに退却したのであった。そして合戦では、氏照や綱成・康成父子が活躍したことがみえているが、氏照については、戦功をあげた家臣への感状が複数残されている。そのうえで、松田盛秀の嫡子憲秀、北条宗哲の嫡子氏信の活躍についても書き添えられている。そして合戦の結果、それまで里見方に経略されていた上総椎津城（千葉県市原市）と「村上」城（比定地不明）が回復されている。

また里見方に味方した太田康資は、里見軍とともに後退していった。これによって江戸太田家は没落するのである。そしてその後、氏政は江戸川を越えて小金領に進軍し、同月下旬まで同領に在陣して、里見方への対処にあたっている。

合戦には最終的には大勝利を得たものの、緒戦では有力家老の遠山綱景父子と富永康景が戦死するという、大きな犠牲が出ていた。氏康にとって、家老の戦死という事態は初めてのことであった。

江戸衆の再編成

この国府台合戦で、江戸城代であるとともに寄親であった遠山綱景父子、江戸衆寄親であった富永康景が戦死してしまった。そのうえ、同じく寄親であった太田康資が離叛したことで、その軍団は解体してしまった。そのため戦後、氏康・氏政にとっては、江戸衆の編成についての対処が必要になったことはいうまでもない。

遠山綱景は、この時点で、家老のなかでは最有力の存在であった。年齢は明確ではないが、六十歳には達していたように思われる。綱景の長男の藤九郎はすでに死去していて、次男の隼人佑がそのあとに嫡子になっていたが、ここで戦死してしまった。

三男に弥九郎があったとみられ、「役帳」の時点では、葛西城代を務めていたが、その後はみられないので、その間に死去していた可能性が高い。あるいはこの時に同じく戦死したのかもしれない。その下には、相模大山《おおやま》寺八大坊（神奈川県伊勢原市）の僧侶《そうりょ》になっていた四男、さらにその下に幼少であったと思われる五男があったようである。

氏康・氏政は、遠山家の家督については、八大坊に入寺していた四男を還俗《げんぞく》させて継がせることにした。還俗したあとは、官途名右衛門大夫《えもんのだいぶ》（のちに甲斐《かい》守）、実名は政《まさ》景《かげ》を名乗った。実名のうちの「政」字は、いうまでもなく氏政からの偏諱《へんき》である。還俗してすぐに官途名を称していることからすると、政景は二十歳代にはなっていたようだ。そしてこの政景に、父綱景の時と同じく、江戸城代と江戸衆寄親の役割をそのまま引き継がせるのである。ちなみに政景の弟は、のちに左馬允《さまのじょう》（景宗《かげむね》か）を名乗って、政景を補佐していく。

さらに隼人佑の後室（二人目の妻、光吉・直景妻の母）は、その後に御馬廻衆の遠山康英（康光の子）に再嫁した。また隼人佑の娘は政景の嫡子直景の妻になっている。これは政景の系統と隼人佑の系統を婚姻によって結び付けることで、庶流の政景の系統を嫡流化させるための方策であったといえる。そしてそれは、氏康・氏政父子の判断であったろう。

富永康景の家督は、嫡子の政家《まさいえ》に継承された。政家は天文二十三年（一五五四）生まれとみられ、まだ十一歳にすぎなかった。幼名を亀千代といったとみられる。この時にすぐに元服したかどうかはわからない。通例からすれば十五歳になる永禄十一年（一五六八）に元服したとみられる。実際に政家の動向が確認されるようになるのは、その翌年の同十二年五月からである。仮名は「孫四郎」を称し（のちに山城守《やましろ》）、実名は「政家」を称した。その「政」字も、氏政からの偏諱である。元服までの間については確かなことはわからないが、元服後は、父康景と同じく寄親の役割を引き継いでいる。

こうして遠山家・富永家ともに、それぞれの子息に家督は継承されることになったが、遠山政景は合戦経験などに乏しく、富永政家はまだ年少であった。それぞれは先代からの家臣の補佐をうけたとみられるが、それでも江戸衆としての活動には、不十分なところも出てこざるをえなかったと思われる。そうしたなかで抜擢《ばってき》されたとみられるのが、合戦の際に江戸城に派遣されてきていた北条康元であった。康元は、没落した太田康資の所領と家臣とを、そのまま引き継いだとみられている。

康元の年齢は明確ではないが、兄康成の数歳年少にすぎなかったと思われるので、二十歳には達していたものと推測される。しかもこれ以前に上野沼田城主を務めて、家臣を統率していた経験もあった。沼田城からの没落後は、どのような活動をしていたのかはわからないが、特別な役割を与えられることはなく、父綱成か兄康成につい ていたものと思われる。そこに太田康資という寄親の没落があり、しかもその家老たちをはじめその軍団は存続していたという状況をうけて、新たな寄親として康元の抜擢となったと考えられる。

ここに康元は、あらためて自己の家臣団を形成することになった。その後は、江戸城配属の軍団のひとつとして活動していくことになる。そしてさらに、氏康の死去した元亀《げんき》二年（一五七一）には、遠山政景に代わって江戸城代の地位に就くことになるが、それはまだ先のことである。

このようにして江戸衆は、遠山政景、富永政家、北条康元を新たな寄親として再編成されることになった。以前から継続していたのは、太田大膳亮（越前守）ひとりだけ、という状況であった。

氏規の三浦郡継承

この永禄七年（一五六四）には、それまで駿河で生活していた氏康の四男の氏規《うじのり》が、小田原に帰還していたことが確認される。氏規は天文十四年（一五四五）生まれで、この時には二十歳になっていた。天文二十一年頃に、駿甲相三国同盟にともなって、幼少の妹早川殿《はやかわどの》に代わって、今川家の本拠の駿府《すんぷ》に送られたと思われる。二年後に早川殿が今川氏真《うじざね》の妻として駿府にやってくるが、年少で出産適齢期になっていなかったため、氏規は引きつづき駿府に滞在することになった。

そして、元服も駿府で今川義元のもとで行った。十四歳の時の永禄元年（一五五八）冬までには、元服して仮名「助五郎」を称している。この時、今川義元はすでに隠居して家督を嫡子氏真に譲っていたが、氏康の場合と同じく政治的に引退したわけではなく、依然として今川家の最高権力者として、当主氏真とともに共同統治にあたっていた。義元は主として、三河《みかわ》支配と軍事・外交を担ったようである。

その永禄元年十一月に、どうも義元は小田原を訪問していたらしい。その帰途に、駿府にいた氏規に書状を出している（戦北四四三三）。ただその年代については、これまでは永禄元年か同二年かと推定するにとどまっていたが、つい最近、某年十一月に義元が小田原に滞在していることを示す文書の原本が確認されるにいたった（『国際稀覯本フェア２０１８』『戦国遺文今川氏編』一五二六号）。そこにある義元の花押型や、前後の時期における十一月の状況から推測して、その年代は永禄元年とみてよい。

これによって氏規は、永禄元年の十一月以前に、義元のもとで元服したと思われる。そのため実名の「氏」字も、父氏康から与えられたのではなく、義元から、今川家の通字として与えられた可能性が高い。さらに注目されるのが仮名の「助五郎」である。この仮名は、五郎を基本とする今川家のものであることはいうまでもなく、しかも今川家の御一家衆に仮名助五郎を通称とする家系が存在するのである。それは関口刑部少輔《せきぐちぎようぶのしよう》家であった。氏規の仮名が、それと無関係で同じものを称することは考えがたいので、素直に推測すれば、氏規は今川家のなかで、関口刑部少輔（氏純《うじすみ》）の家督継承者に、つまり婿養子に迎えられた可能性が高いのである。ちなみに氏純のもうひとりの娘は、徳川家康の妻築山殿《つきやまどの》であるから、氏規は家康と相婿の関係にあったことになる。

そのままいけば氏規は、同家を継承して、駿府に滞在しつづけたかもしれない。ところが永禄五年六月までは駿府にあったが、同七年六月には小田原に帰還しているのである（「朝比奈文書」）。どうもその間に、関口氏純が氏真によって処罰され、同家は没落させられたらしい。氏純の娘婿であった松平元康《もとやす》（徳川家康）が離叛したことにともなって、関口氏純は処罰されたことが伝えられている。よって、氏規は関口家の後継者の地位を白紙にし、北条家のもとに戻ることになったとみられる（浅倉直美「天文～永禄期の北条氏規について」）。

氏規は小田原への帰還後、氏康・氏政から所領を与えられたが、注目すべきはその所領の性格である。同七年六月、小田原帰還後の動向が初めて確認できる史料で、家老の朝比奈《あさひな》藤一郎《とういちろう》（のち右衛門尉）に給分を与えているのであるが、その出所はなんと相模西郡下中村郷（神奈川県小田原市）なのである。

同郷については、先に述べたように、玉縄城主北条為昌《ためまさ》の菩提《ぼだい》領とされていたものであった。それまでは北条本家の直轄領となっていたが、それが氏規の所領とされたことになる。このことが何を示しているかといえば、氏規は小田原に帰還すると、故為昌の菩提者の立場を継承することになったということであり、それはすなわち、為昌の家督の継承者に位置づけられたことを意味する。氏規の北条家における役割は、為昌の家系の継承であった。そして当時、為昌の遺領の一部の継承者であるとともに、その菩提者の役割を分担していたもののひとりが玉縄北条綱成であった。そのことから氏規は、綱成の娘（高源院殿《こうげんいんでん》）との婚姻が取り決められることになる。もちろんそれは、父氏康の計らいであったと考えられる。

為昌の遺領と遺臣のうち、三浦衆についてはは軍団としてのまとまりが維持されていて、これまでは氏康が管轄していた。そして三浦郡支配についても、綱成が郡代《ぐんだい》の役割を果たしていたが、さらにその上位の支配権については、氏政に家督を譲った後も、氏康が管轄しつづけていた。これは三浦郡・三浦衆が、為昌の遺領・遺臣であったからとみられる。氏康は亡き弟の家産の枠組みを、一部に限定されたものではあったが、なお維持しつづけていたのである。そしてそれを、小田原に帰還した氏規に継承させることにしたのである。

永禄八年八月までは、綱成が郡代支配にあたっていたことが確認されるから（戦北九二五)、氏規の継承はその後とみられる。そして翌同九年六月、氏規は三浦衆山本正直に、里見方海賊との抗争における戦功を賞する感状を出していて(戦北四〇一九)、これが氏規の三浦衆統制に関する初見史料となる。ただしこの感状は、同日付けで氏康によっても出されているので、実際にはこの時期はまだ氏康が三浦衆統制にあたっていたとみることができる。そして氏規は翌十年二月十一日付けで三浦郡支配のための文書を発給している(戦北一〇〇九)。ここからこの時には、氏規は綱成から郡代支配権も継承して、軍事・行政両面にわたって、三浦郡支配を継承したことがわかる。

　このようにして氏規は小田原に帰還すると、為昌の後継者の役割を与えられ、その遺領・遺臣であった三浦郡・三浦衆支配を、永禄九年から継承したとみることができる。氏規にその役割が与えられたのは、小田原に帰還して特定の役割を担っていなかったこともあったが、同時に、氏規の家格の高さにもよったとみられる。

　氏規は、氏康正妻の瑞渓院殿《ずいけいいんでん》の所生で、氏政・氏照に次ぐ弟であった。しかもその永禄九年までは、「北条次男」として、氏政の後継スペアの地位にあったとみられている。そのような地位にあった氏規の処遇としては、氏康弟の為昌の後継者というのが、最適とみなされたのだと思う。そしてちょうどその頃には、氏政にすでに数人の男子が生まれていたから、三浦郡支配継承にともなって、氏規の立場は「北条次男」から、御一家衆のひとりとしての立場に変化したと思われる。

氏照の役割の拡大

国府台合戦ののち、北条家は里見家への攻勢も強めていった。合戦から半年後の永禄七年（一五六四）六月頃、里見家の家老で上総勝浦領を支配していた正木時忠《ときただ》が、北条家に従属してきた。その取次を務めたのは氏照である。氏照はその後、勝浦正木家への指南を務める。そして七月、氏政は同家支援のために東上総に進軍し、続けて西上総にまで侵攻、同時に安房には玉縄北条綱成が進軍した。

同九年五月から、その直前における上杉輝虎の下総小金領・臼井《うすい》領での敗戦をうけて、上杉方であった国衆が、相次いで北条家に従属してきた。すなわち、五月に常陸小田《おだ》氏治《うじはる》・下総結城晴朝《はるとも》（政勝《まさかつ》の養子）・下野小山《おやま》秀綱《ひでつな》・同宇都宮《うつのみや》広綱《ひろつな》、閏八月に武蔵忍成田氏長《うじなが》（長泰の子）・上野新田横瀬《よこぜ》成繁《なりしげ》・下野皆川《みながわ》俊宗《としむね》、十一月に上野小泉富岡《とみおか》主税助《ちからのすけ》、十二月に上野廏橋毛利北条高広《たかひろ》・同館林（もと下野足利）長尾景長《かげなが》、同年から翌同十年にかけて、下総関宿簗田晴助・同栗橋野田景範《かげのり》（弘朝《ひろとも》の弟）・同森屋相馬《そうま》治胤《はるたね》・上総土気《とけ》酒井康治《やすはる》らであった。

このうちこの時の指南が判明するのはわずかでしかないが、注目されるのは、そのなかで武蔵忍成田家・上野廏橋毛利北条家・下総関宿簗田家・同栗橋野田家についての指南を、氏照が務めていることである。そのことはそれらの従属の際の取次を氏照が務めたことを意味し、逆にいえば氏照は、それら国衆から、北条家への従属にあたって取次を依頼されたということだ。それだけ、北条家の外交における氏照の立場が、重要なものと認識されていたことを示しているといえよう。

すでに氏照は、下野佐野昌綱の指南を務めていた。ここに武蔵忍成田家らについても指南を務めるようになったのであり、なかでも古河公方家奉公衆の簗田家・野田家の存在から、氏照がそれら古河公方家奉公衆に対する外交担当の役割を担うようになったことがうかがわれる。さらに、同じく奉公衆であった幸手《さって》一色義直《いっしきよしなお》（直朝《なおとも》の子）についても、のちに氏照が指南を務めているので、それもこの頃からの可能性が高い。また永禄十年九月には、野田家の本拠であった栗橋城（茨城県五霞町）が北条家に引き渡されていて、これを氏照が管轄することになる。こうして氏照は、公方領国における領国支配の一角を担うこととなった。

このような氏照の役割は、かつて氏照が元服前の弘治元年（一五五五）に、古河公方足利義氏の後見役を予定されていたことにかかわっているとみられる。この当時、足利義氏は公方領国から没落していて、北条家の庇護のもと相模鎌倉に在所しており、領国には不在であった。氏照が敵方であった簗田家らの従属にあたって取次を務め、以後は政治統制を展開し、また栗橋領支配にあたるようになったことをみると、義氏不在の公方領国支配を補佐するものであったとみられる。

ちなみに下総結城家・下野小山家・同宇都宮家・同皆川家に対する指南も、氏照が務めた可能性もある。この時の指南は不明だが、結城家についてはのちの天正二年（一五七四）に確認でき、宇都宮家については同三年から、皆川家については同十四年から確認できる。その他、下野壬生《みぶ》家については同六年から確認でき、その間に他者が指南であったことを示す事例はみられていない。そうであれば氏照は、それらの諸家に対する指南を、この時から務めた可能性は十分に考えられる。さらに永禄十年には、南陸奥の芦名盛氏《もりうじ》への取次を務めるようになっている。

　これらのことから氏照は、この永禄九年から同十年にかけて、古河公方家奉公衆や下野国衆・南陸奥国衆への指南を一様に担うようになり、その方面の外交を一手に担う存在になった可能性がある。この永禄九年というのは、父氏康が出陣を停止し、兄で北条家当主の氏政が北条軍の惣大将になり、氏政が軍事・外交についても主導するようになった時期であった。氏照が下野・南陸奥方面の外交を担うようになったとすると、それはこれをうけたもののように思われる。この年、氏照は二十五歳になっていた。

　こうした氏照の役割の拡大には、目をみはるものがあるといえるであろう。その際に考えておきたいのは、それから二年あとまでのうちに、氏照は養家の大石名字を廃して、実家の北条名字に改称していることである。氏照は永禄五年までは大石名字を称していたが、同十一年には北条名字を称している。時期は特定できないが、名字改称は国衆大石家の当主ではなく、北条家御一家衆の立場への転換を意味するものである。この時期における氏照の役割の拡大が、その契機になっていたように思われる。こののち、氏照は御一家衆筆頭として、氏康・氏政を支えていくのである。

氏邦の外交への参加

氏康の五男で武蔵花園領を領国支配していた氏邦も、この永禄九年から、国衆への指南を務めるようになっている。すなわち、その年閏八月に従属してきた上野新田横瀬家、十一月に従属してきた同じく上野の小泉富岡家について、その後は氏邦が指南を務めているので、それらの従属の際に、氏邦が取次を務めたことがうかがわれる。また当時の史料はないものの、そのあとには上野館林長尾家についても指南を務めていることからすると、同家についてもこの時から指南を務めた可能性が想定される。

このように氏邦は、永禄九年に北条家に従属してきた国衆たちのうち、上野新田領の由良家、小泉領の富岡家、館林領と下野足利領を領国とした長尾家に対して、ともに指南を務めるようになった。これら三つの国衆家は、互いに隣接して存在していたから、おそらく北条家への従属も、それぞれかかわりあいながら行われたと思われ、それを氏邦が取り次いだと思われる。そのことはすなわち、氏邦がそれらの国衆と、何らかの政治関係を果たせるような存在になっていたことを意味していよう。

そして指南を務めるということは、それらの国衆との外交を担うということであったから、ここに氏邦は、北条家の外交の一部を担う役割を果たすようになったといえる。この時、氏邦はまだ十九歳にすぎなかった。ただし兄氏照の外交参加も、ほぼ同じくらいの二十歳（永禄四年）からのことであったことをみると、そのような年齢になると、その役割を担えるものとみなされていたのかもしれない。

このように氏邦は、北条家の外交に参加するようになったが、時期から考えれば、やはり兄で北条家当主の氏政が、北条家における軍事・外交を主導するようになったことをうけてのものと思われる。そうすると氏政が軍事・外交をすすめるにあたって、氏康・氏政は、下野から南陸奥方面については氏照を担当者とし、上野国衆については氏邦を担当者にあてた、ということが考えられる。実際にもその後、北条家が上野経略をすすめていく際には、氏邦がそれを担っていくのである。

康成の岩付城代就任

永禄七年（一五六四）の国府台合戦の際、武蔵岩付太田資正は里見方の陣にあったが、敗戦によりその後はそのまま里見軍とともに上総に後退した。同年五月に、里見方国衆の尽力によって岩付城への帰還を果たしたが、直後の七月に、嫡子氏資《うじすけ》（源五郎）のクーデターをうけて、同城から没落することになる。そうして岩付太田家は氏資が当主になり、北条家に従属するのであった。その氏資は、同八年三月の下総関宿《み》城攻めで先陣を務め、同十年八月の上総侵攻にも従軍した。しかし八月二十三日の三船台《ふねだい》合戦（千葉県君津市）で戦死してしまう。

氏資は天文十一年（一五四二）生まれで、二十六歳であった。妻は氏康の娘（三女か）長林院《ちょうりんいん》で、永禄三年以前には婚姻していた。両者の間には一女があるだけで、氏資には後継者がいなかった。そのため同年九月、氏政は上総から退陣すると、当主不在となった岩付太田家への対処のため、岩付領に進軍する。そして岩付領を接収して、直接支配下に置くことになる。もっともこれは没収というわけではなかったようである。岩付領と岩付太田家の家臣団の枠組みをそのまま存続させているからである。氏資には後継者が不在であったため、将来、その娘に然《しか》るべき婿を迎えて、再興させることを予定したと

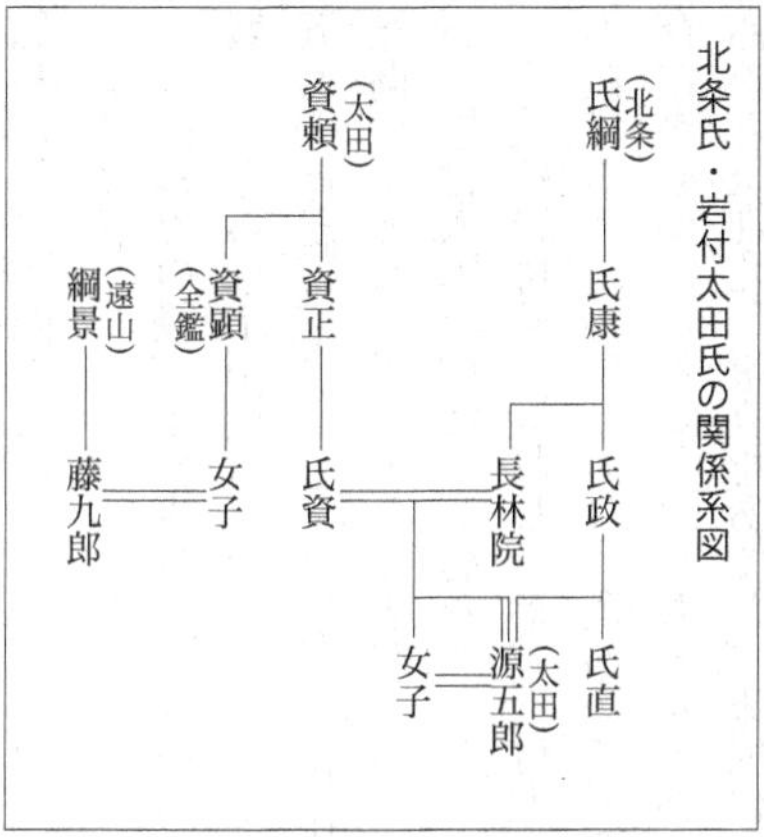

北条氏・岩付太田氏の関係系図

思われる。

　実際その後、氏政の次男国増丸（くにますまる）（のち太田源五郎）がその婿養子に入ることになる。

氏政はその後、上杉謙信への対抗のために下野佐野領に進軍するが、十一月に岩付城に、さらに小田原へと帰陣する。その際、氏資後室の妹を同行している（戦北一〇五五）。氏政はそのことをわざわざ氏康に報せているので、それらの処置は、氏康の意向によるものであったと思われる。氏康は、若くして後室となった娘の行く末を思い、岩付太田家再興の道筋を残したのかもしれない。

氏政は岩付領を接収したが、岩付太田家の枠組みを存続させたとはいっても、当主不在であったから、それに代わって実際に領国支配を管轄し、岩付衆を軍事指揮する存在が必要になることはもちろんであった。氏康・氏政はそれに、氏政には義兄弟にあたる玉縄北条康成をあてた。康成はその直前における上総進軍にも従軍していたと思われ、氏政が岩付領に進軍するとそれにも従って、そこでそのまま岩付城代に任じられ、以後は岩付城に在城するのである。

康成は天文五年（一五三六）生まれでこの時は三十二歳になっていた。しかしその立場はまだ、玉縄北条綱成の嫡子であるにすぎなかった。氏政は、その康成を綱成とは別個にして、岩付城代の役割を与えた、ということになる。もともと岩付太田家への指南は玉縄北条家が務めていたから、康成は岩付領・岩付衆ともかかわりをもっていたといえ、城代就任は順当ともいえる。しかし指南はあくまでも綱成であったことからすると、それは綱成でもいいように思われる。ここで康成を城代に任じているのは、康成にその役割を与えることに意味があったことになる。

康成は氏政よりも三歳年長で、同世代の御一家衆のなかでは最年長の存在であった。母は氏康の妹大頂院殿《だいちょういんでん》であったから氏政とは従兄弟にあたり、妻は氏政の妹新光院殿《しんこういんでん》であったから義兄弟でもあった。そうした関係を踏まえると氏康・氏政は、康成を玉縄北条家の嫡子としてでなく、氏政の兄弟衆に準じる存在として扱い、それにより岩付城代の地位を与えたと考えられる。

こうして康成は、玉縄北条家ではいまだ嫡子でしかなかったが、氏政の兄弟衆として、父綱成とは別個に、独自の役割を担うようになった。これもやはり、前年に氏政が北条家における軍事・外交を主導する立場になったことにともなうものといえよう。そして康成の岩付城への在城は、その後も基本的には継続されていくことになる。

永禄期末の人員構成

永禄二年（一五五九）十二月に、北条家では、家督は氏康から氏政に譲られた。領国支配の権限は、その後次第に氏康から氏政に移行されていき、同九年には軍事・外交についても氏政に譲られることとなった。それにともなって、同九年から翌同十年になると、氏照・氏規・氏邦・康成という氏政の兄弟衆に、領国支配や外交において大きな役割を担わせるようになった。

ここでその状況を整理しておくことにしよう。領国支配における行政支配については、伊豆郡代笠原美作守《かさはらみまさかのかみ》・清水康英、相模西郡郡代石巻家貞（家種）、同中郡郡代大《だい》藤秀信《とうひでのぶ》（のち政信《まさのぶ》）、同玉縄領北条綱成、同鎌倉代官大道寺資親、同三浦郡北条氏規、同津久井領内藤康行《ないとうやすゆき》、武蔵小机領北条氏信、同江戸領遠山政景、同河越領北条氏信か大道寺資親、同松山領松田憲秀か、同岩付領北条康成、同滝山領北条氏照、同花園領藤田（北条）氏邦、となっていた。

軍団における寄親については、小田原衆松田憲秀、御馬廻衆山角康定・石巻家貞、諸足軽衆大藤秀信、伊豆衆笠原美作守・清水康英、玉縄衆北条綱成、三浦衆北条氏規、津久井衆内藤康行、武蔵小机衆北条氏信、同江戸衆遠山政景・富永政家・北条康元・太田越前守、同河越衆北条氏信か大道寺資親、となっていた。ただし同松山衆については正確には不明である。かつて在城衆であった狩野介はすでに戦死、太田泰昌もすでに死去していて、それぞれは嫡子の狩野介・太田十郎に継承されていたとみなされるが、そのまま同城に在城していたのかはわからない。また垪和氏続についてもどこに在城していたのかは不明である。そして山中頼次が松山城に在城した可能性はあるが、これも正確には不明である。そしてそのほかには、同岩付衆北条康成、同滝山衆北条氏照、同花園衆藤田（北条）氏邦、となっていた。

評定衆は、石巻家貞・狩野泰光で、これに地域案件により伊豆衆笠原美作守・清水康英、三浦衆山中康豊が加わる、という具合になっていた。なお永禄十二年には、石巻家の代替わりにより、家貞から嫡子康保（彦四郎か、勘解由左衛門尉）に交替している。

国衆への指南・取次についてみると、武蔵松山上田家が松田憲秀、同忍成田家が北条氏照、同深谷上杉家が大道寺資親か、下総佐倉千葉家・同小金高城家が遠山政景、同小弓《おゆみ》原家・下総森屋相馬家・同府川豊島《ふかわとしま》家・上総土気酒井家が松田憲秀、安房・上総里見家が北条氏規、下総関宿簗田家・同栗橋野田家・同幸手一色家が北条氏照、下総結城家が北条氏照か、上野新田由良家・同小泉富岡家・同館林長尾家が藤田（北条）氏邦、同厩橋毛利北条家が北条氏照、下野佐野家が北条氏照、同小山家・宇都宮家・皆川家・壬生家が北条氏照か、同那須家が北条綱成・康成、南陸奥芦名家が北条氏照、となる。

なおそのほかにも、北条家に従属していた国衆には、上総東金酒井家、武蔵菖蒲《しょうぶ》佐々木家、上野桐生佐野家があったが、それぞれの指南が誰であったのかはわかっていない。ただし周囲の国衆の場合やその後の状況を勘案すると、東金酒井家は松田憲秀、佐々木家は氏照、桐生佐野家は氏邦であった可能性が考えられる。

ちなみにこれらをみると、松田憲秀が房総国衆の多くで指南を務めていることが顕著にみうけられる。ただし残念ながらその経緯は不明で、永禄七年五月から小弓原家への指南を務めているのが確認できる最初になる（戦北三九三八）。あわせて指南を務めていたもののうち、土気酒井家・府川豊島家は、かつて原家の与力的な存在であった。また森屋相馬家はそれらと隣接して存在していたから、それらはいずれも原家との関係から展開したもののように思われる。

これらの状況を、氏康が当主であった時期と比べると、三浦郡支配が北条氏規に継承され、河越城代に久野北条氏信が就き、岩付城代に玉縄北条康成が就いたこと、江戸衆寄親が太田康資から玉縄北条康元に代わったこと、国衆への指南では氏照の役割が拡大し、氏邦の参加がみられ、また松田憲秀についても担当が増加していること、などがみうけられるであろう。彼らはいずれも、氏政兄弟あるいは同世代の御一家衆・有力家老であり、それらの役割が大きく伸張されていることがみてとれる。まさにそれらの人々が、これからの北条家の領国支配・外交を担うものとして、著しく台頭してきたことがわかる。

この時、「御本城様」氏康は五十三歳、当主氏政は二十九歳になっていた。氏康と同年齢の北条綱成をはじめ、氏康が当主になった時期からの家老たちは、いずれもそれと同世代であった。対して、北条康成は三十二歳、松田憲秀もそれとほぼ同じ、氏照は二十六歳、氏規は二十三歳、氏邦は二十歳という具合であった。また富永政家は元服したかどうかの十四歳にすぎなかった。その他の家老たちの年齢は不明だが、遠山政景・石巻康保・太田十郎らが氏政と同世代とみられる以外は、基本的には氏政よりも年長であったと思われる。氏政の世代が、家老のなかでもじょじょに登場してくるようになっていた、といえるであろう。

第五章　武田信玄との抗争と越相同盟

駿河への出陣

永禄《えいろく》十一年（一五六八）十二月六日、武田信玄《たけだしんげん》が駿河《するが》への侵攻を開始し、これをうけて氏康《うじやす》・氏政《うじまさ》は今川氏真《いまがわうじざね》を支援して、武田家との全面抗争を展開することにした。これにより、二十年近くにわたって東国の政治秩序を規定していた駿甲相三国同盟は崩壊した。氏康・氏政は、武田軍の侵攻をうけてただちに駿河に援軍を派遣し、当主氏政も出陣することにしたが、それに先だって、これまで抗争関係にあった上杉謙信《うえすぎけんしん》との和睦《わぼく》を図ることにし、交渉に取り掛からせるのであった。

上杉家との交渉は、かつて上杉方に従属していた上野《こうずけ》の新田由良成繁《ゆらなりしげ》から申し入れさせることとし、それへの指南《しなん》を務める氏邦《うじくに》に担当させることにした。この段取りをつけたあと、十二日に氏政は駿河に向けて出陣した。この武田信玄との抗争や上杉謙信との同盟（越相同盟）の内容については、すでに拙著『関東戦国史』（角川ソフィア文庫）・『北条氏政』（ミネルヴァ日本評伝選）などにおいて、詳しく述べているので、本書では、新たな戦争の展開にともなう御一家衆《ごいっかしゅう》・家老たちの配属転換の状況に焦点をあてながら述べていくことにしたい。

北条軍の先陣は、十二月十四日には蒲原城《かんばら》（静岡県静岡市）に到達して、武田方の最前線となっていた薩埵山《さったやま》陣（同）と対峙《たいじ》した。先陣の大将は、小机《こづくえ》城主の久野北条

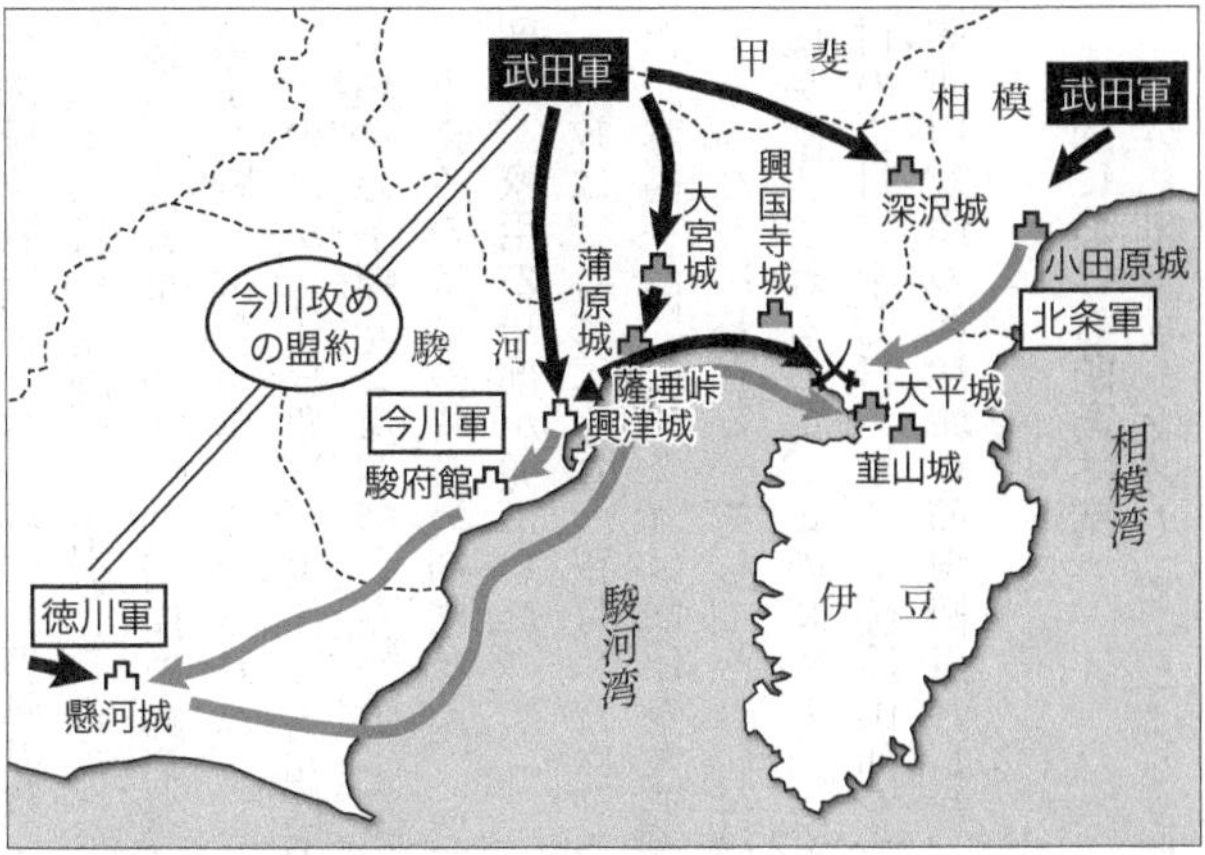

武田信玄の駿河侵攻関係図（黒田基樹『図説 戦国北条氏と合戦』掲載図を基に作成）

氏信《うじのぶ》。氏信はまた、相模《さがみ》・駿河国境の足《あし》柄《がら》城（神奈川県南足柄市・静岡県小山町）にも在城衆を置いた。蒲原城の手前に位置した河東《かとう》地域西部には、北条氏規《うじのり》も進軍したようである。

前日の十三日に、今川氏真は武田軍の侵攻により駿府から没落し、遠江懸河城《とおとうみかけがわ》（静岡県掛川市）に籠城《ろうじょう》していた。氏政はそこに海路から援軍を派遣した。諸足軽《あしがる》衆《しゅう》大藤政信《だいとうまさのぶ》（もと秀信《ひでのぶ》）・伊豆《いず》衆清水康《しみずやす》英《ひで》・元松山衆太田泰昌《おおたやすまさ》の子十郎らである。清水康英は嫡子新七郎をともなっていた。太田十郎の存在が確認されるのは、これが最初である。

翌十二年正月二十六日、氏政は伊豆三《み》島《しま》陣（同三島市）を出陣して、蒲原城に向けて進軍を開始した。そこでの先陣は、花園城《はなぞの》主藤田《ふじた》（北条）氏邦、河越城代《かわごえじようだい》・鎌倉代官の大道寺《だいどうじ》資親《すけちか》らであった。氏邦は前月二十二日に花園城を出陣してきており、その留守中に、本拠を荒川北岸の花園城（埼玉県深谷市）から、同南岸の鉢形《はちがた》城（同寄居町）に移したようである。武田方との抗争を睨《にら》んでの措置とみなされる。

そのほか、伊豆衆笠原美作守《かさはらみまさかのかみ》・元松山衆狩野介《かののすけ》・元松山衆垪和《はが》氏続《うじつぐ》・元松山衆か山中頼次《よりつぐ》の子頼元《よりもと》（彦四郎・大炊助《おおいのすけ》）らが従軍したことが確認される。山中頼元が史料にみえるのはこの時が最初になる。なお玉縄《たまなわ》北条綱成《つなしげ》は、相模防衛のために自身は残留し、家臣の一部が従軍した。

氏政は、これに先立つ正月八日に、岩付《いわつき》城代であった北条康成《やすしげ》を、鎌倉代官に任じた（戦北三八四二）。これは前任の大道寺資親を駿河に従軍させることにともなう措置であったと思われる。そしてその岩付城には、そのあとに江戸衆寄親の富永政家《とみながまさいえ》の在城が確認されるので、この時に派遣されたのかもしれない。氏政が三島を出陣した翌日の正月二十七日、早くも薩埵山陣を攻略し、同所をその前線拠点にした。武田方は興津《おきつ》川対岸の興津城を前線拠点とした。

駿河における防衛体制

しかし興津城を攻略することはできなかった。そのため永禄十二年（一五六九）五月九日、懸河城を包囲していた徳川家康と開城和睦を成立させて同十五日に同城を開城させ、同十七日に氏真ら籠城衆を駿河蒲原城に引き取った。そして同二十三日、氏政は嫡子国王丸（のち氏直《うじなお》）を氏真の養子にする取り決めをして、三島に帰陣した。帰陣にあたって氏政は、懸河籠城衆であった大藤政信・太田十郎と今川家臣を、最前線の薩埵山陣に配置し、蒲原城には、従軍していた笠原美作守・狩野介を残し、懸河籠城衆のうちから清水康英の嫡子新七郎を配置している。

　五月二十八日に、氏政は氏真に、国王丸に家督を譲らせ、それにともなって駿河支配権を委任させている。そうして以後、駿河に対する防衛体制の構築と、今川家臣への軍事指揮をすすめていく。そして閏《うるう》五月三日、垪和氏続を駿東郡南部の興国寺《こうこくじ》城（静岡県沼津市）に在城させるとともに、駿河在国の家臣に所領を与えるのである。なかでも清水新七郎には、武田方に味方した国衆《くにしゅう》葛山氏元《かつらやまうじもと》（氏綱の弟氏広《うじひろ》の養子、妻は氏康の妹）の旧領二千貫文を与えている。山中頼元もこの時に氏政から感状《かんじょう》を与えられたという（『小田原編年録』所収山中系図）。この時に感状を与えられたのは、いずれも駿河に在国した家臣であったから、山中頼元も引きつづいて駿河に在陣したものとみられるが、具体的な場所は不明である。

　氏政はまた、駿河における防衛体制の強化をすすめて、御厨《みくりや》地域の防衛拠点として、新たに深沢《ふかざわ》城（同御殿場市）を構築した。同城には玉縄北条綱成と小田原衆寄親松田《よりおやまつだ》憲秀《のりひで》を配備した。そして今川氏真の駿河における居城として、駿東郡大平《おおひら》城（同沼津市）を構築した。また、伊豆韮山《にらやま》城に北条氏規を配備。こうして氏政は、薩埵山陣を最前線に、駿河河東地域から伊豆北部での防衛体制をとったのである。

同時に、武田家と国境を接している武蔵《むさし》においても防衛体制をとった。五月に、岩付城に派遣されていた江戸衆富永政家を氏照の滝山《たきやま》領に配備した。また氏邦も帰陣後は、ただちに新たな本拠とした鉢形城で武田方に対抗した。大道寺資親も帰陣後は河越城代・鎌倉代官に復帰し、それにともなって北条康成も鎌倉代官から離任して岩付城代に復帰している。

六月になると、武田軍が深沢城に攻撃をかけてきて、つづけて伊豆三島にまで侵攻してきた。さらに七月に富士郡大宮城（同富士宮市）を攻略された。この武田軍の侵攻にあたり、滝山領の由井《ゆい》城の守備増強のため、栗橋城に在城していた氏照家臣を戻し、栗橋城を元城主の野田景範《のだかげのり》に返還している。八月には、興国寺城に在城させていた垪和氏続をあらためて城代に任じている。城代として城領支配についての裁量権を認めることで、迅速に防衛体制をとろうとしたといえる。

九月、武田軍が西上野から武蔵北部に侵攻してきて、鉢形城・滝山城などを相次いで攻撃され、そのまま相模に侵攻してきた。そのため氏政は、薩埵山陣に在陣していた大藤政信を、小田原城防衛のために同陣から召還した。月末には、武田軍により小田原城まで攻め寄せられたが、氏照・氏邦らがそれぞれの本拠を出陣して追撃したため、武田信玄は十月四日に、相模津久井《つくい》領に向けて退陣。そして六日、武田軍と氏照らとの間で三増《みませ》合戦となる。しかし合戦に勝利することはできず、信玄を甲斐《かい》に帰国させてしまうことになる。

北条氏忠の登場

永禄十二年（一五六九）十一月、武田信玄が再び富士郡に進軍し、伊豆に侵攻する情勢をみせたため、氏政は韮山城に弟氏規と義弟の氏忠《うじただ》を派遣した。氏忠が史料にみられるのはこれが最初である。氏忠は、亡き氏堯《うじたか》の長男と思われ、氏堯死後は、伯父《おじ》の氏康に引き取られて養子として処遇されていたようだ。弘治《こうじ》二年（一五五六）頃の生まれと伝えられているので、この時は十四歳でしかなかった。

生年がその所伝どおりとすれば、このような武田家との抗争による軍事情勢の緊迫化をうけて、まだ早いながらも急遽《きゅうきょ》、元服させられ、戦陣に動員されることになったのかもしれない。仮名は六郎を称したが、その由来は明確ではない。のちに、実父氏堯と同じ官途名左衛門佐《さえもんのすけ》を称することになるから、あるいは氏堯のそれを襲名したのかもしれない。こうして新たな御一家衆として氏忠の登場がみられることになった。新たな登場としては、氏規以来、五年ぶりのことになる。

氏忠は、城将のひとりとして派遣されたのであるから、それなりの所領と家臣を有していたと思われる。それらは、氏康から与えられたか、氏康から付属されたものであったに違いない。翌元亀《げんき》元年（一五七〇）五月に、氏忠の発給文書が初めて確認されるが、それは伊豆衆西原源太《にしはらげんた》に宛てた感状であった（戦北一四一九）。合戦は西原の本拠での防戦であったから、その戦功を賞しているということは、この時、西原は氏忠の配下に置かれていたのであろう。しかしその戦功について氏忠は、「御本城様（氏康）」へ申上すると伝えているので、西原が氏康付の家臣で、それが氏忠に付属されていたものと思われる。

その翌年になると、西原は氏忠の家臣になっている。さらに氏忠の所領も、伊豆田中山（静岡県伊豆の国市）・白浜郷（同下田市）・相模善波村（神奈川県伊勢原市）などに所在していたことが知られるが、それらはおそらく、氏康の隠居領となっていたものが氏忠に与えられたものであった可能性が高い。いずれにしても氏忠は、氏康から所領と家臣を分け与えられることによって、御一家衆として登場してきたのである。

ところで氏忠は、そのように年少ではあったが、家格は氏康四男の氏規に次ぎ、氏康の実子であった五男氏邦よりも上位に位置づけられていた（戦北四九一二）。理由はおそらく、氏忠が、のちに氏堯の官途名を襲名することからみても、その長男として、氏堯の家格を継承する存在として位置づけられていたことによると思われる。氏忠の上位に位置した氏規は、氏康の正妻瑞渓院殿《ずいけいいんでん》所生の嫡出子であった。対して氏忠より下位に位置した氏邦は庶出子であった。氏忠の家格はその間に位置づけられたのである。ただしこの位置は、のちの天正《てんしょう》三年（一五七五）になると、氏邦の地位が上昇するのにともなって逆転することになるが、それはもう少し先のことである。

北条氏信の戦死

永禄十二年（一五六九）十一月に富士郡に侵攻してきた武田信玄は、伊豆への侵攻をほのめかしながら、実際はそのまま南下して、十二月六日、蒲原城を攻撃した。城は武田軍の猛攻をうけて、わずか一日で落城してしまった。同城は「海道第一の嶮難《けんなん》の地」といわれていたが（『戦国遺文武田氏編』一四八二号）、武田軍の猛攻に耐えることはできなかったのである。

落城にともなって、城将の北条氏信、その弟で箱根権現社継承予定者であったとみられる融深《ゆうしん》、在城していた笠原美作守や狩野介らが戦死した。清水新七郎も敵方では戦死ととらえていたが（同前一四七九号）、実際にはその後も生存しているから、在城衆すべてが戦死したわけではなく、逃走できたものもいたようである。

これにより北条方の前線拠点は崩壊することになった。同十二日には最前線拠点であった薩埵山陣も落城した。在陣していた太田十郎は後退したとみられる。そして同十三日には信玄による駿府の再占領を許すことになり、河東地域西部は武田方の勢力となった。北条方の前線は後退し、駿東郡北部の深沢城と南部の興国寺城が最前線拠点となった。

この十二月の北条氏信の戦死は、氏康・氏政にとって、初めての御一家衆の戦死となった。それだけでなく、北条家の歴史のなかでも、御一家衆に準じる存在を含めても北条九郎（綱成の父）の戦死以来のことで、こののちにおいて御一家衆の戦死がみられることはなかった。このことからすると、氏康・氏政にとって氏信の戦死による衝撃は、きわめて大きなものであったと想像される。さらに氏信の父宗哲《そうてつ》にとっては久野北条家の当主を失うことであった。氏康・氏政・宗哲は、ただちにその後継を立てる必要に迫られた。

そしてその後継には、氏康の六男西堂丸《せいどうまる》が選ばれた。氏信には菊千代という遺児があったが、幼少であった。その元服は十六年もあととなる天正十三年（一五八五）のことであるから、この時は誕生して間もない状況であったと思われる。そこで宗哲は、娘のひとりに、西堂丸を婿養子として迎えることにしたと思われる。西堂丸は、天文《てんぶん》二十三年（一五五四）生まれと伝えられ、この時には十六歳であった。母は先に述べたように、氏康の妾《しょう》で、遠山綱景《とおやまつなかげ》の姉妹と推測される。

西堂丸は、ただちに宗哲の娘と婚姻し、元服して仮名三郎を称した。これは宗哲の長男であった三郎（宝泉寺殿《ほうせんじでん》）の仮名を襲名したものである。実名については現在でも不明である。御一家衆のなかで、いまだに系譜が不明なものに「氏冬《うじふゆ》」と「氏能《うじよし（ただ）》」がおり（「喜連川文書」）、そのいずれかにあたる可能性が高いとみられるものの、特定することはできない。今後、それを明らかにする史料が出現することを期待するしかない。

三郎は、久野北条家の家督を継ぐにともない、おそらく小机城主の地位も継承したと思われる。そのことを直接に示す史料がみられないのは、おそらく時期が短いため史料が残っていないのであろう。その後すぐに、どこかの城に在番したことがうかがわれ、翌年の三月初めまで同地に在城している（戦北一三八七）。在城地は明確ではないが、情勢から考えれば、駿河方面の可能性が高いとみられる。氏信は蒲原城に在城したと同時に、足柄城にも在城衆を置いていたことからすると、あるいはその足柄城であったかもしれない。

ところが三郎は、この時にすすめられていた越相同盟によって、二月十二日には、上杉謙信の養子となることが取り決められていた（戦北一三八〇）。そして三郎は小田原に帰還すると、そのまま謙信のもとに送られるのである。四月五日に小田原を出立し、同十日に上杉謙信が在陣していた沼田《ぬまた》城に到着し、同十一日に謙信と対面した。その後は、謙信に連れられて越後《えちご》に赴き、同二十五日に謙信との養子縁組のための祝言が行われた。ここで謙信から、新たな実名として謙信の初名にあたる「景虎《かげとら》」を与えられ、「上杉三郎景虎」を名乗るのである。さらに謙信の姉仙洞院殿《せんとういんでん》の娘（次女）を妻に迎えた。

三郎は、上杉謙信への養子入りにともなって久野北条家とは離縁となり、同時に宗哲の娘とも離縁となった。久野北条家では、三郎に代わる新たな後継者を立てる必要が生じた。わずか三ヵ月ほどで、また新たな後継者を立てなければならなくなったのである。

家老の構成変化の始まり

蒲原城で戦死した家老に、笠原美作守と狩野介がいた。笠原家については、嫡子助三郎に家督が継承されたと思われる。助三郎は、翌年の元亀元年（一五七〇）五月に、垪和氏続が城代を務める興国寺城に在番衆として派遣された（戦北一四二一）。なお同時に、薩埵山陣から後退していた太田十郎も、興国寺城の在番衆として派遣されている。両人の動向が確認できるのは、これが最後である。

笠原助三郎については、のちの天正三年（一五七五）三月に、嫡子とみられる千松丸が当主になっているから、その頃に死去したと推測される（戦北一七七一）。その時、千松丸はまだ七歳ほどであったと思われるから（天正十一年に十五歳にあたるとみられ、永禄十二年生まれか）、助三郎は死去時に二十歳代にすぎなかったろう。氏政よりは十歳近く年少であったろうか。この笠原家は、その後も伊豆郡代・伊豆衆寄親の役割を継続されている。

太田十郎については、その後は後継者の存在はみあたらないので、十郎は戦死するなどしたあと、後継者があったとしても寄親の役割は継承されなかったようだ。また狩野介についても、その後は後継者の存在はみられないので、同様であったと思われる。

こうして、太田豊後守《ぶんごのかみ》家と狩野介家は、氏綱時代以来の寄親であったが、駿河での武田家との抗争のなかで、寄親の立場については事実上断絶した。

またこの時期には、評定衆《ひょうじょうしゅう》の構成にも変化がみられるようになった。それまでは御馬廻衆《おうままわりしゅう》の家老であった石巻家貞《いしまきいえさだ》と狩野泰光《かのやすみつ》が中心的存在として担っていた。しかし狩野泰光は、永禄十一年（一五六八）二月を最後に、評定衆としてはみえなくなり、その後は当主の御馬廻衆としての活動もみえなくなる。そして同十二年十一月からは、出家して一庵宗円《いちあんそうえん》を名乗り、北条氏照の家老として出てくる。すなわち泰光は、その間に当主の直臣《じきしん》から、氏照の家老へと転じたのである。

石巻家貞についても、同十一年六月が最後で、翌同十二年六月には、嫡子の康保《やすもり》（彦四郎か、勘解由左衛門尉《かげゆさえもんのじょう》・下野守《しもつけ》）が、新たな評定衆として登場している。石巻家ではその間に、家貞から康保に家督が交替されたとみられ、康保が引きつづき、相模西郡郡代・御馬廻衆寄親・評定衆の役割を務めたと思われる。康保が史料に登場してくるのは永禄二年の「役帳」が最初で、仮名彦四郎を称し、同四年からは官途名勘解由左衛門尉を称しているので、その頃には二十歳代にはなっていたと推測される。弟の康敬《やすまさ》（彦六郎・左《さ》馬允《まのじょう》・下野守）が天文三年（一五三四）生まれというから、康保はその数年前の生まれと推測され、氏政より少し年長であったようだ。

以上をみると評定衆は、石巻康保ひとりのみになっている。それでは業務に対処することは難しいであろうから、当然ながら担当者の補充があったと思われる。その状況が確認できるのは、氏康が死去したあとの元亀三年（一五七二）になってからである。同年、御馬廻衆寄親の山角康定《やまかどやすさだ》が新たに評定衆を務めるようになり、石巻康保との二人体制になっている。山角康定も、旧来から御馬廻衆寄親として家老であったとみなされるから、この措置は順当といえるであろう。そうであれば康定は、狩野泰光の退任後ただちにその後任になった可能性が考えられる。この点は、今後の関係史料の出現を待ちたい。

弘治元年（一五五五）と永禄二年（一五五九）にみえる四郎左衛門尉が山角康定とすれば、この頃は二十歳代にはなっていたと思われる。氏政よりもかなり年長の存在であったといえる。弟と伝えられる四郎右衛門尉（定次《さだつぐ》と伝えられる）が大永《だいえい》六年

（一五二六）生まれ、定勝《さだかつ》（刑部《ぎょうぶ》左衛門尉・紀伊守《きいのかみ》）が享禄《きょうろく》二年（一五二九）生まれと伝えられているので（『寛政重修諸家譜』）、およそ大永期半ば頃の生まれであったろうか。また、天文五年（一五三六）頃にみえる弥太郎が康定のことであれば、まだ十歳少しくらいで、すでに当主になっていたということになる。

いずれにしても康定は、若くから家老となっていた可能性が高く、永禄期末にはすでに四十歳代半ばになっていたであろうから、この康定が評定衆に就任したことは、氏政を補佐する体制の充実につながったものと思われる。

大道寺政繁の登場

同じ時期にみられた家老の代替わりとして、大道寺家の場合がある。資親は、元亀元年（一五七〇）三月二十一日に死去し、その家督は嫡子の政繁《まさしげ》（駿河守）に継承された。資親は河越城代・鎌倉代官を務めており、その役割はそのまま政繁に継承された。政繁は、天文二年（一五三三）生まれで、氏政の六歳年長で、この時には三十八歳になっていた。

元服を十五歳の時とすると天文十六年くらいのことになり、その時は父資親はまだ庶子の立場にすぎなかった。実名のうちの「政」字は氏政からの偏諱《へんき》とみられるから、当初は別の実名を称していたと思われる。そうすると偏諱の授与は、資親が大道寺家

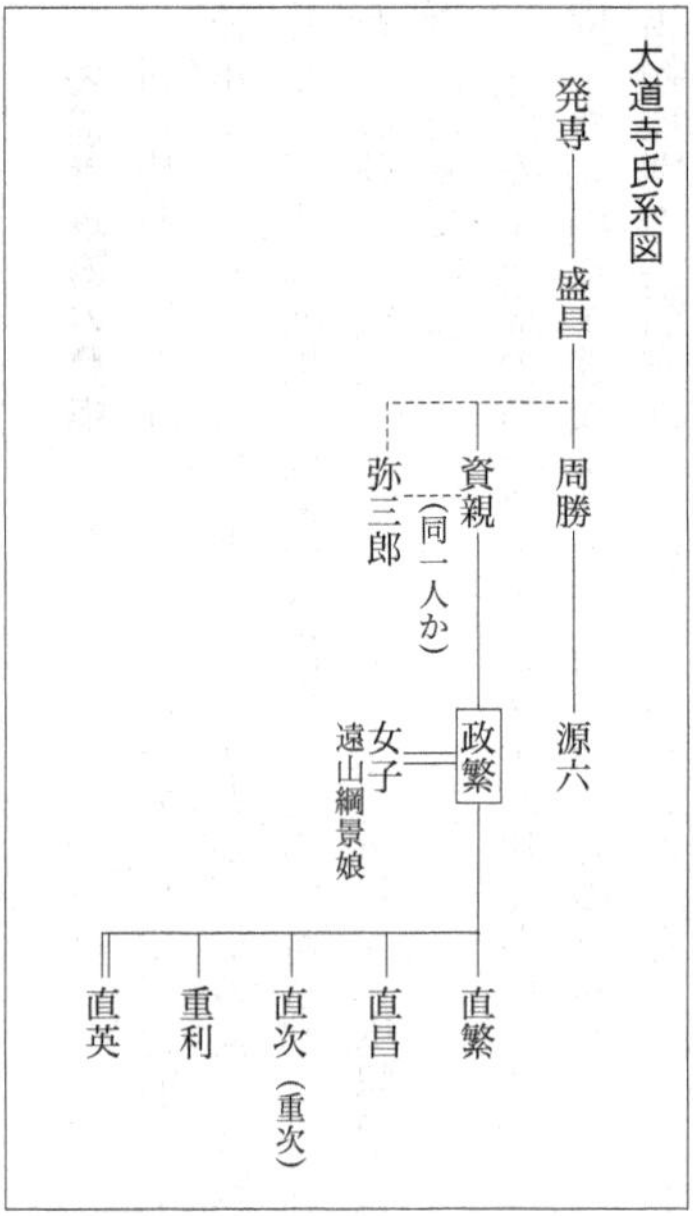

の当主になり政繁がその嫡子になったことによるものか、あるいはこの時に大道寺家の当主になったことにともなうものであったかの、いずれかと考えられる。

妻は、江戸城代遠山綱景の娘である。次男の直昌《なおまさ》（新四郎）は永禄十二年（一五六九）の生まれで、その上に長男の直繁《なおしげ》（孫九郎）がいることからすると、婚姻は永禄七年の綱景戦死の前後頃のことであったように思われる。ちょうど政繁が大道寺家の嫡子となっていた時であろう。すでに三十歳を過ぎていたが、大道寺家の嫡子となったことで、有力家老の遠山家の娘と婚姻したと考えられる。これはおそらく氏康・氏政の計らいであったろうから、有力家老同士の関係密接化をすすめるためのものであったろう。

「一族」の家格にある有力家老の当主は、この政繁の登場によって、すべてが氏政と同世代となった。そのなかでも政繁が最年長であった。なお鎌倉代官については、翌元亀二年から天正二年（一五七四）まで、再び玉縄北条康成に交替され、政繁は河越城への在城や岩付城への在番を務めるなど武蔵北西部への備《そなえ》に専念させられている。政繁がまだ経験が浅いため、康成への交替となったのかもしれない。しかしその後は、再び鎌倉代官を管轄するようになった。そして政繁は、家中における存在感を強めていき、家老筆頭の松田《まつだ》憲秀《のりひで》とともに、北条家の家老を代表する存在となっていく。

北条氏光の登場

久野北条家の家督は、氏信の戦死のあと、氏康六男の三郎（上杉景虎）が宗哲の婿養子となって継承したものの、その三郎が直後に上杉謙信の養子とされたことで、再び当主不在となっていた。結局は、氏信の遺児菊千代（のち氏隆《うじたか》）を後継者に定めたらしい。しかしそれでは久野北条家の活動を主宰することはできない。そのため隠居していた宗哲が、再び家督を管掌することになった。

元亀元年（一五七〇）五月、武田信玄が再び駿河駿東郡と伊豆北部に侵攻してきた。

その際、今川氏真が在城する大平城も攻撃をうけ、籠城戦を展開した。この時は凌《しの》いだものの、そもそも今川家臣は少数であったため、このままでは大平城は維持できないと判断されたらしい。氏真は大平城から離れて妻の早川殿《はやかわどの》が居住していた小田原早川の地に移住し、大平城には代わって宗哲が在城することになった。そして、宗哲が今川家臣を軍事指揮していくことになる。宗哲はすでに七十歳近くになっていたとみられるが、嫡孫菊千代が幼少では仕方のないことであった。

しかし氏信が管轄していた小机城主についても宗哲が担うことは無理と考えられたのであろう。三郎（上杉景虎）と離縁した娘に、氏堯の次男氏光《うじみつ》を婿に迎えて、これに小机城主の地位を継承させるのである。氏光は氏忠の弟で、生年は明確ではないが、氏忠が弘治二年（一五五六）生まれとされていることをもとにすると、およそ永禄元年（一五五八）頃の生まれと推測される。幼名は竹王丸と伝えられる。元亀元年には十三歳だったか、あるいはもう一歳くらい上だったかもしれない。

そして氏光が史料にみられる最初がこの元亀元年の十二月のことで、武田信玄が深沢城に攻撃してきた時に後詰を務めているのである（戦北一四五〇）。このことから氏光は、十三歳か十四歳であったこの年に宗哲の娘と婚姻し、元服したものと思われる。仮名は四郎を称した（のちに右衛門佐）。その由来は明確ではないが、久野北条家歴代の仮名が三郎であったことからすると、その弟格ということで、四郎を称するようになったのかもしれない。そして宗哲の婿になったことによって、小机城主の地位を継承したと考えられる。

また、氏信は戦死するまで相模足柄城の城将を務めていたが、氏光はこれについてもそのまま継承したと考えられる。深沢城への後詰も、この足柄城からのことであったとみなすことができる。こうして氏光は、三郎（景虎）の上杉家養子入りという突発的な事態をうけて、新たな御一家衆として急遽、登場をみることになった。そして以後、小机城主と足柄城将の役割を果たしていくのである。さらに天正七年（一五七九）になると、宗哲が務めた駿河大平城将の役割をも担うようになる。氏光が宗哲の役割を引き継ぐ存在であったことがわかる。

こうして、氏康の養子になっていた氏堯の二人の子どもも、相次いで御一家衆として活動するようになった。御一家衆の最長老は宗哲で七十歳前後であった。次いで玉縄北条綱成がおり、「御本城様」氏康と同年齢の五十六歳になっていた。その下が氏政世代で、最年長となる綱成の嫡子康成が三十五歳。その弟の康元はそれより少し下であったろうか。あとはすべて当主氏政よりも下となる。氏政が三十二歳、氏照が二十九歳、氏規が二十六歳、氏邦が二十三歳、氏忠が十五歳くらい、氏光が十三歳か十四歳くらい、という状況であった。

ちなみに、その次世代の最年長は、康成の嫡子氏舜《うじきよ（とし）》（左衛門大夫）が十四歳くらい、

次男氏勝（左衛門大夫）が十二歳であった。氏政の嫡子国王丸（のち氏直）はまだ九歳、

次男国増丸《くにますまる》（のち太田源五郎）は六、七歳、三男菊王丸（のち氏房《うじふさ》）は六歳、久野北条

家当主の菊千代（のち氏隆）はわずか二歳くらい、という具合であった。このなかで

は氏舜がそろそろ活動開始が可能な年齢に達しつつあるという以外、いずれも活躍を

みせるにはまだ時間がかかる年齢であった。御一家衆としては、まさに氏政兄弟の世

代が主力を担いつつあったことがうかがわれる。

深沢城の落城

元亀元年（一五七〇）十二月に入ると、武田信玄は再び駿河御厨に侵攻し、深沢城を攻撃していた。それに対して、足柄在城衆が支援を行うとともに、氏康は、玉縄北条康成とその弟で江戸城将の北条康元《やすもと》を迎撃のために派遣している。そして翌同二年正月十日、氏政は、弟氏照、今川氏真、弟氏規、義弟氏忠、弟氏邦、義弟氏光を従えて、武田軍との対戦のために小田原を出陣した。ここに示した順番は、当時の御一家衆における序列にあたっている（戦北四九一二）。

氏政に次ぐ地位にあったのは長弟の氏照。それに次ぐ地位に置かれていたのは戦国大名今川家の「隠居」となっていた今川氏真である。今川家の家督は、名目的には氏政嫡子の国王丸に継承されていたので、北条家における氏真の地位は、有力御一家衆

並みとして位置づけられていた。それでも御一家衆筆頭の氏照よりは下位に置かれていたことになる。次は、氏政・氏照の同母弟であった氏規。その次は叔父《おじ》氏堯家の家格にあった義弟の氏忠で、庶出の弟であった氏邦はさらにその下位に位置づけられていた。そして最後が氏忠弟の氏光であった。

氏政は敵陣近くまで進軍したものの、深沢城の守将であった玉縄北条綱成・松田憲秀は武田軍の攻撃を凌ぐことができず、十六日に開城してしまう。この時、武田軍は同時に興国寺城をも攻撃していて、城代の垪和氏続は自ら奮戦して何とか攻撃を凌ぐという状況であった。氏政は翌月半ばまで在陣して、奪回を図ったが遂げられず、帰陣することになる。六月初めにも同地域に軍勢を派遣して奪回を図ったが、それを遂げることはできなかった。

この深沢城の落城によって、駿東郡北部の御厨地域までが武田方の勢力下に置かれることになった。そこからは直接に相模西部への侵攻が可能となるので、氏政はそれへの対処を迫られるものとなった。

まず相模における前線拠点として位置することになったのが、足柄城であった。これまで北条氏光が城将を務めていたが、これに、深沢城からの後退組である玉縄北条綱成が加えられ、さらに諸足軽衆寄親の大藤政信が加えられた。なお大藤政信は、以前は「秀信」の実名を名乗っていたが、この頃から「政信」を名乗るようになっている。これは氏政から偏諱を得たものと思われる。もともと秀信は、大藤家のなかでも庶流筋であったから、氏政から偏諱を与えられることで、家督としての地位を確かなものにされたようだ。

駿東郡南部には、新たに平山城《ひらやま》（静岡県裾野市）が構築され、その城将にはやはり深沢城からの後退組であった松田憲秀が置かれた。この平山城は、御厨地域から、伊豆への侵攻を防衛する役割を果たすものとされた。そして駿東郡南端に位置した興国寺城とあわせて、駿河における武田方への最前線拠点として機能することになった。

かつて武田信玄が駿河に侵攻した際に、北条方は河東一帯を勢力下に置いていたが、この深沢城落城の段階では、駿東郡南部を勢力下に置くにすぎない状態になっていて、大きく勢力を後退させるものとなった。平山城・興国寺城、そして大平城が防衛拠点として位置し、伊豆では北部の韮山城が、相模では西部の足柄城が、小田原城への防衛線として位置した。平山城には家老筆頭の松田憲秀、興国寺城には家老垪和氏続、笠原助三郎、太田十郎ら、大平城には御一家衆の久野北条宗哲、韮山城には御一家衆の三崎城主北条氏規と氏忠、足柄城には御一家衆の玉縄城主北条綱成と小机城主北条氏光、諸足軽衆寄親の大藤政信が在城し、守備にあたった。有力な御一家衆と家老の多くが、本来の拠点から離れて、それらの戦線を担わざるを得ない状況となったのである。

武蔵北部での攻防

武田家との抗争は駿河だけで行われたのではなかった。武蔵北部でもまた、激しい攻防が繰り広げられた。そこでは鉢形城を本拠とすることになった藤田（北条）氏邦が主力として対抗し、これに武蔵御嶽《みたけ》平沢政実《ひらさわまさざね》、同深谷《ふかや》上杉憲盛《のりもり》（憲賢《のりかた》の子）らの国衆が協力するというかたちであった。

早くも永禄十二年（一五六九）二月に、武田方の信濃衆が鉢形領を攻撃してきた。氏邦はまだ駿河に在陣中で、留守衆が迎撃にあたった。そこで小田原城にいた氏康は、深谷上杉家に支援を要請した。六月になると、御嶽平沢政実は逆に西上野に侵攻して、武田方の小幡信尚《おばたのぶなお》や長根《ながね》小幡家を味方に引き入れている。この時、氏邦は駿河から帰陣していて、鉢形城にあって武田方に対していた。

氏康は七月一日、氏邦に対して、平沢政実の母を人質として鉢形城に入れること、平沢家の本拠の御嶽城に氏邦の軍勢を入れることを指示している。このように氏邦に対する戦略は氏康が指令していた。ここでは、平沢家への対応が問題になっていることがわかる。平沢家の御嶽城は武田方への最前線に位置したから、その存立が重要とみなされていたためであった。その七月には今度は、武田方が鉢形領に侵攻してくる。九月になると武田信玄自ら西上野から侵攻してきて、御嶽城、鉢形城、次いで滝山城を攻撃してきた。信玄はその後さらに相模を南下して小田原城に迫り、十月初めに退陣して、氏照・氏邦らとの三増合戦にいたることとなる。

その後しばらくは武田方からの攻撃はなかったが、元亀元年（一五七〇）六月になって再び武田方の攻撃があり、同六日、焦点となっていた御嶽城の平沢政実が武田家に従属してしまった。政実はその後、武田信玄から、長井名字と受領《ずりょう》名豊前《ぶぜん》守を与えられて長井政実を名乗っている。同年九月にも武田信玄の進軍があって、鉢形領、深谷領が攻撃をうけた。信玄はその後、西上野に転進したが、十月になって再び鉢形領を攻撃。元亀二年になっても二月に鉢形領への攻撃があり、九月から十月にかけても攻撃がつづいている。

このように氏邦は、元亀元年の後半からは、一方的に武田方からの攻撃をうけるかたちになった。鉢形領を防衛するのが精一杯で、反撃の余裕はなかったことがうかがわれる。氏邦は、在村家臣の屋敷を要塞《ようさい》化したり、家臣化していない土豪《どごう》や、村人や野伏《のぶし》（村の傭兵）をも軍事動員して、懸命に防衛にあたっていた様子が顕著にみられる（拙稿「北条氏邦と越相同盟」）。

房総での里見家との攻防

また武田家との抗争に合わせて、それまでも敵対関係にあった、安房《あわ》・上総《かずさ》の里見《さとみ》家との抗争も激化するようになっていた。そこでは里見家による積極的な侵攻が繰り広げられた。ここでも焦点となったのは、味方国衆の去就である。

武田家との抗争を展開するようになった北条家は、上杉謙信に同盟を打診すると同時に、里見家にも和睦をもちかけた。そこでは三崎城主の氏規が取次にあたった。これに対して里見義堯《よしたか》・義弘《よしひろ》父子は、永禄十二年（一五六九）二月には、北条方国衆であった高城《たかぎ》家の小金《こがね》領や、原家の小弓《おゆみ》領に進軍してきた。これへの対処も、氏政は駿河《か》に在陣中であったため、小田原城にいた氏康があたっている。氏康は、江戸衆を葛西《さい》城への援軍として派遣し、その江戸城には岩付衆を派遣するというかたちで防衛にあたった。そのためか里見軍はこの時は、椎津《しいづ》城まで後退している。

三月、打診していた和睦について、里見家から明確に拒否の回答がよこされた。さらに、北条方の最前線であった上総勝浦《かつうら》領の正木時忠《まさきときただ》が、里見方からの攻勢に堪《こら》えられなくなって離叛《りはん》し、里見家に復帰してしまった。そして里見家は、武田信玄と通交するようになり、同盟を結ぶにいたる。これにより里見家の行動は、武田家との連携のうえですすめられていくことになった。

北条家は、そうした里見家に対して、武田家との抗争に手一杯であったため、有効な措置をとることができなかったといえる。そのため同年のうちに、上総の土気《とけ》酒井《さかい》康治《やすはる》（胤治《たねはる》の子）と同東金《とうがね》酒井政辰《まさとき》（胤敏《たねとし》の子）も北条家から離叛して、里見家に従属するにいたっている。ここにきて、房総における北条方の勢力は、上総北部におよんでいた原家の小弓領と、千葉家の佐倉《さくら》領まで後退することになった。

元亀元年（一五七〇）六月になると、里見家は小弓領への侵攻を展開し、さらに八月には下総千葉（千葉県千葉市）まで侵攻してきた。同二十一日、原家の本拠の小弓城が里見方に攻略されてしまう。原胤栄《たねよし》（胤貞《たねさだ》の子）は、支城であった下総の臼井《うすい》城（同佐倉市）に後退し、以後は同城を本拠にしている。

北条家が里見家への反撃を展開するのは、それから一年以上が経ってからの、翌同二年八月からであった。原家の本拠が攻略されてしまったからには、しかるべき反撃が必要であったことはもちろんであったろう。しかしそれが一年もあとになっているのは、その間に房総に進軍する余裕がなかったためと思われる。この年正月の深沢城落城後からは、駿河御厨地域と武蔵北部で抗争する恰好《かっこう》になっていたが、この七月からは武田家との抗争は小康状態になっていた。そこでようやく房総への侵攻となったとみられる。

八月十七日、氏規配下の三浦衆が、海路から上総に侵攻した。二十八日には氏政が上総進軍のために江戸城に着陣。そして九月二日には小弓領の村落に禁制を与えている。この時の虎《とら》朱印状の奉者は、遠山政景《まさかげ》が務めているから、これが氏政軍の先陣を務めていたものと思われる。おそらくこの時に、小弓城について奪回を果たしたと思われる。しかし原胤栄は、本拠を同城に戻すことはしていない。いまだ里見方との抗争状態が厳しかったため、本拠とするのは危険と考えたのかもしれない。そして同十七日まで、三浦衆による侵攻はつづいた。

ちなみにこの時、氏規が在城していた韮山城は、武田軍から攻撃をうけていた（戦北四〇二三）。氏規は、自身は韮山城に在城する一方で、三崎城に残していた家臣を上総に進軍させたのである。戦力の分散はいかんともし難い状況にあったといわざるをえない。氏政は小弓城の奪回を果たしたことで、何とか進軍の成果を得ることができたことにはなるが、それ以上の反撃を展開できていないところをみると、それが限界であったのだろう。またその頃、氏康は重態に陥っており、十月に死去することからすると、在陣を続けることはできなかったのであろう。

乏しい越相同盟の成果

このように北条家は、永禄十一年（一五六八）十二月に、武田信玄が駿河侵攻を展開し、駿甲相三国同盟が崩壊して以来、三年近くにわたって、武田家と、それと同盟した里見家との抗争を続けてきた。抗争開始の当初こそは、駿河においては優勢な展開をすすめ、また房総においても大きな後退をみせてはいなかった。しかし同十二年の末からは、両面において明らかに劣勢の展開となっていった。

こうした事態への対応としてとられたのが、上杉謙信との同盟であった。謙信へは、武田家との抗争開始に先立って和睦を申し入れ、同十二年正月から、本格的な交渉が開始された。交渉は主として小田原にあった氏康を中心にすすめられたが、当主氏政の了解を得ながらすすめられることになったので、その度に駿河に在陣する氏政のもとに連絡しながら行われたということで、かなりの時間を必要とした。そうした二度のやりとりに四ヵ月ほどの時間を費やすこととなった。

それでも四月には、互いの領土協定について基本的な合意がなり、関東管領《かんれい》職は北条家から謙信に譲り、それにともなって、北条家は伊豆・相模・武蔵南部を領国とし、それ以外は謙信が管轄することになった。そこでは、上野・武蔵北部の国衆で北条家に従属していたものは謙信に従属することとされた。ただし実際に謙信に従属したのは、上野の廏橋《まやばし》毛利《もうり》北条《きたじょう》高広《たかひろ》、同桐生佐野重綱《しげつな》（直綱《なおつな》の養子、佐野昌綱《まさつな》の弟）、武蔵の深谷上杉憲盛にすぎなかった。このほか、上野の館林領については長尾《ながお》顕長《あきなが》（景長《かげなが》の養子、由良成繁の子）から没収されて武蔵の羽生《はにゅう》城将の広田直繁《なおしげ》に与えられ、長尾家は元の本拠の足利城に後退するということがみられた。

ともあれ領土協定の成立によって、同盟成立の合意が成され、五月七日に停戦が成立した。氏照は簗田《やなだ》家の関宿《せきやど》城攻めを展開していたが、この停戦をうけて、関宿城攻めのための向《む》かい城《じろ》を破却し、退陣する。この時期は、駿河ではすでに武田信玄は甲斐に退陣していて、遠江懸河城を包囲していた徳川家康と開城和睦を成立させた時期にあたっていた。謙信との同盟は、武田家との抗争にあたって謙信から援軍を得ることが目的であったが、この時には効果を得ることはできなかった。それでも北条家にとっては、武田家・里見家との抗争が展開されるなかで、上杉方との抗争が停止されたことには、一定の意味があったといえる。

そして六月から七月にかけて、互いに血判起請文《きしょうもん》を交換して、越相同盟は一応の成立をみる。その後は、同盟の条件とされた、謙信から北条家への援軍としての武田領国への侵攻、援軍の際には氏政が謙信のもとに参陣して同陣することとの実現が課題となった。また、それまで北条家と抗争関係にあった常陸《ひたち》の佐竹義重《さたけよししげ》ら常陸・下野《しもつけ》・下総《しもうさ》北部の勢力が、越相同盟とは距離を置き、武田信玄と通交して、関東における第三の勢力と化して、引きつづいて北条方国衆との抗争を継続していくのであった。

また謙信の側も、その直後に、信玄から依頼をうけた室町幕府将軍足利義昭《あしかがよしあき》とその補佐役の織田信長の斡旋《あっせん》で、武田家との和睦（甲越和与）を受諾してしまい、その後は越中《えっちゅう》に侵攻していった。そうしたことから北条家と謙信は、再び互いに同盟条件の実現を図ることを誓約する起請文を交換し、まずはそれらの保証として、北条家の男子を謙信の養子にするという養子縁組の実現が優先された。そうして翌元亀元年（一五七〇）四月になって三度目の起請文が交換され、氏康六男で久野北条宗哲の娘婿になっていた三郎（景虎）を、久野北条家とは離縁させたうえで、謙信の養子にしたのであった。

ただし同盟条件の実現は、双方の思惑の違いがあって、すぐには進展をみなかった。それでも同年六月には、謙信からも古河公方《こがくぼう》と承認された足利義氏《よしうじ》が、それまで在所していた相模鎌倉から、本来の本拠であった古河城に入城して、九年ぶりに公方家領国への復帰を果たしている。また九月には、謙信は武田家と断交して、対戦の姿勢をとるようになった。そして十月に、武田軍の上野侵攻をうけて、謙信も上野に進軍するのであったが、武田方への対応に終始したものにとどまった。

元亀二年になって、武田家から深沢城を攻撃されているなか、氏政は謙信に武田領国への侵攻を要請したが、謙信は二月から三月にかけて、越中に侵攻してしまうという状況であった。こうしたことから氏政は、謙信との同盟継続を無意味と強く認識しはじめ、武田信玄との再同盟の噂が流れるようになる。謙信はこれを聞いて北条家に抗議し、これに氏康が四月十五日付けの書状で、懇切に弁明するということがみられている。両家の通交は、氏政が下総に進軍した九月までつづいていたものの、結局は養子縁組以後も、実質的な同盟の進展がみられることはなかったといわざるを得ない。

氏康の死去

武田信玄との抗争と、それに対抗するために上杉謙信との同盟をすすめるという事態のなか、元亀元年（一五七〇）八月、氏康は重態におちいった。同月六日、氏政は快復祈願のために、重臣の安藤良整《りょうせい》と江雪斎融成《こうせつさいゆうせい》（のち板部岡《いたべおか》融成）に、鎌倉鶴岡八幡宮での大般若《だいはんにゃ》経真読を命じている（戦北一五〇二）。氏康の病状は深刻なものであったらしく、子どもの見分けもつかず、食事を摂《と》ることもできず、武田家との抗争状況についても報《しら》されないほどのものであったという（「上杉文書」『上越市史別編1』九二九号）。

それでも年末には快復し、駿河御厨での軍事行動に関して指示を出すまでになった（戦北一三五八・一三六三）。ここでは書状に花押を据えているから、そこまでの快復はみせていた。ところが翌同二年四月になると、花押を書くことはできなくなってしまったようで、四月十五日付けで謙信に宛てた書状には、花押ではなく、印判（「機」朱印）を据えるにとどまっている。再び花押が書けなくなるような状態になっていたことがうかがわれる。そして七月半ば、重態におちいってしまった。

この時、伊豆韮山城に在城していた氏規は、小田原城に駆けつけて、昼夜にわたって詰めるという状況がみられる（戦北四〇五九）。しかしすぐには快復しなかったためと、再び武田軍による韮山城への侵攻があったためであろう、九月半ばには韮山城に帰還した（戦北四〇二三）。八月十九日からは、それまで氏康が管轄し、自身の「武《ぶ》栄《えい》」朱印状で指令していた本国地域における「国役《くにやく》」賦課《ふか》を、氏政が虎朱印状で行うようになった（戦北一五〇六）。もはや氏康の快復は見込めない状況になっていたことがうかがえる。

そして十月三日、氏康はついに五十七年の生涯を閉じた。北条家の家督を継いでから三十年、家督を氏政に譲ってから十二年が経っていた。二日後の五日に葬儀が行われたという。葬儀では、御一家衆はもちろんのこと、家老たちも嘆息し、その死を惜しみ、それは父母との別れ以上のものであったという（「異本小田原記」）。法名を大聖《だいしょう》寺殿東陽宗岱大居士《じでんとうようそうたいだいこじ》とおくられ、遺骸《いがい》は、北条家の菩提《ぼだい》寺であった箱根早雲寺《そううんじ》に、塔《たっ》頭《ちゅう》として大聖院《だいしょういん》が建立され、そこに葬られた。

ここに北条氏康は死去した。家老たちは、その死に臨んで、父母との別れ以上に悲しんだとされ、氏康と家老たちとが、強い信頼関係で結ばれていたことがうかがわれる。多くの家老にとって実際の父は死去していたから、氏康に対しては父に対するように慕っていた、ということであったのかもしれない。ともかくも三十年の長きにわたって北条家を主導してきた氏康は、ここにその生涯を閉じたのであった。

甲相同盟の復活

元亀二年（一五七一）十月の氏康の死去により、北条家は当主氏政の単独政権となった。氏政は、氏康が死去するとただちに、武田信玄との再同盟の交渉を開始したとみられ、十一月初めには合意の成立をみたようである。このことを知った上杉謙信は、武田方への最前線に位置していた上野廏橋毛利北条高広に、武田家との同盟について打診を指示した。謙信としては、氏政との同盟を優先して考えていたにもかかわらず、氏政のこの行為は裏切りに等しいと感じ、武田家よりも氏政との抗争を優先する意向であった。

毛利北条高広は武田家に同盟を打診するが、そこで示した条件は武田家にとって魅力あるものではなかった。そこで武田家は、武田・北条・上杉の「三和」を提示した。信玄としては、氏政との同盟を前提のこととして考えていたようだ。しかし謙信はこの提案に乗ることはできなかったため、両者の交渉は断絶し、結局、十二月半ばには、氏政と武田信玄との再同盟、氏政と上杉謙信との同盟破棄が決まるのであった。

北条家と武田家は同盟にともなって、領土協定を取り決めた。西上野を除く関東は北条家の管轄とし、駿河は武田家の管轄とする、というもので、駿河の北条領国であった平山城・興国寺城とその城領は北条家から武田家に割譲された。駿河にはほかにも、駿東郡最東部の大平城があったが、これは北条領国として認められた。そのため同城はその後は「伊豆」と表現されることになった。また、武蔵の武田領国となっていた御嶽領は北条家に割譲されることになり、城主長井政実は武田家に属すことを継続して、領国の替え地を武田家から与えられるのであった。

こうして北条・武田両家は、かつてと同じように協同して上杉謙信との抗争を展開することになった。元亀三年正月、武田信玄が東上野の上杉領国へ侵攻すると、前年末から上野に進軍していた上杉謙信と、利根《とね》川を挟んで対陣となる。そして閏正月、氏政はこれに、弟氏照と河越城代大道寺政繁を援軍として派遣。北条・武田両家と上杉家との抗争は、早くも再開されるのであった。

北条家と上杉家とが手切れしたことにともなって、両家の勢力範囲も明確になるとともに、その間での抗争もただちに展開されている。上野では新田由良家・小泉富岡家、下野では足利長尾家・佐野家・藤岡茂呂家、下総では古河公方足利義氏に幸手《さって》一《いっ》色《しき》家・森屋相馬家らが北条方となった。対して上野では館林広田家・桐生佐野家、武蔵では深谷上杉家、羽生菅原・木戸家、下総では関宿簗田家・栗橋野田家、常陸では小田家が上杉方となった。このうち館林領については、足利長尾家がただちに奪還し、広田直繁は没落している。また栗橋城についても、同年十二月に攻略し、同領については再び氏照が管轄することになる。さらに翌天正元年（一五七三）には、新田由良家が桐生佐野家を滅ぼして、桐生領を併合する。こうして北条方にとっては、関宿城・羽生城・深谷城を当面の標的とすることになった。

また里見家との関係では、下総の臼井原家・同佐倉千葉家・上総の椎津村上家が北条方で、上総の土気酒井家・同東金酒井家以南は里見方という状況であった。さらに常陸の佐竹家らの勢力は、下野の壬生《みぶ》家・同皆川《みながわ》家・下総の結城《ゆうき》家などを含むものとなった。里見家は武田家と同盟関係にあったため、北条家と武田家との同盟が成立すると、武田家からの斡旋によって、北条家との間に停戦が成立することとなった。

他方の佐竹方勢力は、北条家・上杉家のいずれとも敵対関係となっていたが、やがて上杉家との連携を復活させることになる。ここでも元亀三年十二月に、皆川広勝《ひろかつ》(俊宗《としむね》の子)・壬生義雄《よしかつ》が北条家に従属し、天正元年には常陸の小田家も従属してくることになる。そのため佐竹方勢力に対しては、皆川・壬生両家支援のために、小山《おやま》領・宇都宮《うつのみや》領・結城領への侵攻が課題とされるのであった。

氏康死去にともなう人事変更

武田家との抗争を展開していた時には、多くの御一家衆や家老を、武田方への最前線に配置する状況にあった。しかし武田家との同盟が成立したことで、それらの配置は基本的には解消されることになった。とりわけ平山城・興国寺城の在城衆は、両城が武田家へ割譲されるのにともなって本国に移動してきた。また足柄城に配置されていた玉縄北条綱成や諸足軽衆寄親大藤政信、韮山城に配置されていた北条氏忠も退去となり、足柄城には北条氏光、韮山城には北条氏規のそれぞれの家臣が在番する程度とされた。

この駿河からの戦力配置の撤退にともなって、寄親の構成とその配置に大きな変化がみられている。平山城から後退した松田憲秀は、本来の役割であった小田原衆寄親として存在しつづけることになる。興国寺城からは、垪和氏続・笠原助三郎・太田十郎らが後退した。このうち垪和氏続は、当主親衛隊の御馬廻衆に配置換えとなってその寄親のひとりとなった。笠原助三郎は本来の伊豆衆寄親として存在し、相方の清水家とともに韮山城での在番にあたっていくことになる。太田十郎についてはその後の動向はみられなくなっているので、寄親の役割は解消されたものと思われる。またそのほかに、どこに在城していたのかは明確でないが、寄親であった山中頼元は、駿河からの後退後は小田原城に配置され、そこで寄親として存在するものとなっている。

氏康死去後の変化は、それにとどまっていない。氏康が死去してすぐの元亀二年(一五七一)十一月、玉縄北条家では綱成から康成に家督が交替された。それをうけて翌年初めに、康成は氏政から北条家の通字を与えられて「氏繁」と改名するのである。同時に弟康元も、遠山政景に代わって江戸城代の役割を与えられたと思われ、同様に氏政から北条家の通字を与えられて「氏秀」と改名するのである。江戸城代を解任された遠山政景は、おそらくは下総葛西領の城代となり、役割を縮小されたと考えられる。

また同時に行われたと思われることに、武蔵松山領についての措置がある。同領については、氏康死去直前にあたる元亀二年六月までは、北条家による管轄が継続されていたが、死去後は、国衆上田《うえだ》長則《ながのり》（朝直《ともなお》・宗調《そうちょう》の子、蔵人佐《くろうどのすけ》・能登《のと》守）の領国となった。それまで松山城には、北条家による管轄のもと何らかの在城衆が派遣され、郡代的な支配権を家老松田憲秀が担っていたとみられるが、それが上田家による一円的な領国支配に切り替えられたのである。在城衆は後退し、松田憲秀の役割も上田家への指南にとどまることとなった。これによって松山領は、北条家の直接支配から外れて、国衆領国となった。

このように氏康の死去にともなって、御一家衆や家老の配置や役割に、少なからず変更がみられた。ただしそれらは、氏政が氏康のそれまでの方針を廃止して、自分なりのものに変えたということではなかった。氏政が当主になってからは、このような問題については、氏康と氏政との間で協議してすすめられてきたと思われるから、すでに氏政の意向は充分に反映されてきていたと考えられる。ここでの相次ぐ変更は、まさに武田家との再同盟にともなうものであったり、それまでに課題となっていたことを、これを機にした戦略転換にともなって実現したものととらえるのが妥当と思われる。

氏政単独政権の陣容

ここであらためて、氏政の単独政権となった当初における、御一家衆や家老の人員構成とその役割がどのようなかたちをとったのか、まとめておくことにしたい。

まずは御一家衆からみておきたい。氏康の家督継承時から存在していた久野北条宗哲と玉縄北条綱成は、ともに隠居の身になっていた。ただし両者ともに依然として独自の所領と家臣をもっていて、軍事行動への参加もなくなったわけではなかった。宗哲は駿河大平城将を務めてもいた。綱成も引きつづいて、最前線の軍事拠点での在城を務めていった。

しかし中心的存在となっていたのは、氏政の同世代にあたる、弟や従兄弟《いとこ》たちであった。北条氏照が武蔵滝山城主・下総栗橋城主、北条氏規が相模三崎城主、藤田（北条）氏邦が武蔵鉢形城主、北条氏忠が小田原城配属、北条氏光が武蔵小机城主・相模足柄城将、北条氏繁が相模玉縄城主・武蔵岩付城代・相模鎌倉代官、北条氏秀が武蔵江戸城代、という具合である。彼らはいずれも氏政の初陣以降から、多くは氏政が当主になってから登場してきたものたちである。なかでも最年長であった氏繁は、玉縄北条家の家督を継いだことによって、多くの役割を担うことになった。

ちなみに氏忠については、韮山城からの後退後は独自の役割を与えられていないようにみえ、どこかの拠点に在城したらしい形跡はあるのだが、それがどこかはわかっ

北条氏政時代の最大版図(黒田基樹『北条氏政』掲載図を基に作成)

ていない。基本的には、しばらくの間は小田原城に置かれつづけたことも確かであった。氏忠が独自の役割を担うようになるのは、これよりかなり先の天正十四年（一五八六）まで下る。

家老による領域支配の管轄に関しては、清水康英・笠原助三郎が伊豆郡代、石巻康保が相模西郡郡代、大藤政信が同中郡郡代、内藤康行が同津久井城主、遠山政景が下総葛西城代、大道寺政繁が武蔵河越城代、という具合であった。このうち氏康の家督継承時からつづいていたのは、清水康英と内藤康行だけで、そのほかは世代が交代し、また遠山家については配置が変更されている。清水康英については、天正元年（一五七三）十二月からは、嫡子の太郎左衛門尉（もと新七郎）が、当主同然の活動をみせるようになってくる。内藤康行については、この頃の活動はみられていないため状況は明確ではないが、のちの同八年には、養子の綱秀《つなひで》（孫四郎・左近将監《さこんのしょうげん》・大和守《やまと》）が明確に当主としてみえるようになっている。康行もこの頃には隠居して、綱秀に家督を譲っていた可能性も高い。

ちなみに御一家衆が担当した領域支配のなかで、かつての城代や寄親を務めていたもののうち、小机城代は笠原平左衛門尉（信為の孫、能登守の子か）、三崎城代は山中康豊であった。ただしそれぞれは、氏光と氏規の家老という立場に完全に転換したかたちとなっている。

同様の点でいえば、滝山城代は氏照家老の狩野宗円《そうえん》（もと泰光《やすみつ》）、栗橋城代は氏照家老の布施《ふせ》景尊《かげたか》である。鉢形城代は、氏康生前頃までは氏邦家老の三山綱定《さんやまつなさだ》であったが、氏康死去にともない引退したらしく、その後の状況はわかっていない。ともあれ、御一家衆の家老が、北条本家の家老と同等の役割を担うようになってきていることがうかがわれる。そしてその状況は、この後における御一家衆の役割の拡大にともなって、より大きくなっていくのである。

家老が務めた軍団の寄親としては、小田原衆が松田憲秀と山中頼元、伊豆衆が清水康英と笠原助三郎、江戸衆が城代北条氏秀と葛西城代遠山政景のほかには、富永政家と太田越前守（もと大膳亮）、河越衆が大道寺政繁、御馬廻衆が山角康定・依田《よだ》康信《やすのぶ》・垪和氏続、諸足軽衆が大藤政信であった。かつて松山衆寄親であった狩野介・太田豊後守家は断絶したためか、もはや存在していない。そして山中頼元（元河越衆）と垪和氏続（元松山衆）も、情勢変化によって大きく配置変えになっている。

なお西郡郡代の石巻家は、かつては御馬廻衆寄親であったが、のちにこれは解任されて、代わって依田康信（大膳亮・下総守）が務めるようになる。ただしいつからそのような変化があったのかは不明である。石巻康保は天正七年頃に死去したらしいので、それによる交替であった可能性も高い。

また御馬廻衆の家老によって務められた評定衆については、石巻康保と山角康定が務めた。かつて務めていた狩野泰光は、北条本家の直臣からは引退して、この時には北条氏照の家老に転身していた。これについてはのちに、天正五年から依田康信が恒常的に加わるようになって三人体制へと変化し、同三年から笠原康明《やすあき》（藤左衛門尉・越前守《えちぜんのかみ》）が、同九年から垪和康忠《やすただ》（刑部丞《ぎょうぶのじょう》・伯耆守《ほうきのかみ》）が臨時の参加をみせている。いずれも御馬廻衆に属していた。これら三人が、いつから評定衆を務めるようになったのかはわかっていない。状況からすると、氏康の死去すぐのうちに、新たに評定衆を務めることができる家老に取り立てられたものとみてよいと思われる。

新たな家老たち

ここで新たに家老に取り立てられることになった、三人の氏政の側近家臣についてみておくことにしたい。

依田康信の出自についてはまったく不明である。北条家臣としても、永禄元年（一五五八）の足利義氏の鶴岡八幡宮参詣《さんけい》の際にみえていた「余田」がそれにあたる可能性があるにすぎない。「役帳」にもみえていない。依田の名字とすれば、鎌倉府奉行人に存在していたので、その系譜を引いた存在であったかもしれない。史料にみえる最初は、永禄十年十二月で、藤田（北条）氏邦の朱印状で奉者を務めている（戦北一〇六二）。これをそのままとれば、当初は氏邦つきの家臣だったのかもしれない。

しかし元亀期（一五七〇～）とみられる十月には、氏政の側近家臣として、栗橋城主野田景範《かげのり》の取次を務めており（「野田文書」）、同三年五月には武田家との外交にあたっているので（戦北四四六八）、その頃には氏政の御馬廻衆に属して、かつ有力者となっていたことがわかる。あるいは氏康の死去をうけて、氏邦のもとを離れて氏政つきとなったのかもしれない。実名は氏康から偏諱をうけたものと思われるので、氏政とはほぼ同世代であった。

笠原康明は、のちに越前守を称することからすると、笠原信為の子であった可能性が想定される。弘治二年（一五五六）から史料にみえていて、永禄二年の「役帳」において御馬廻衆に属している。所領は百九十一貫文余であった。生年は不明だが、弘治二年から史料にみえること、実名は氏康から偏諱をうけたとされるところから、やはり氏政と同世代にあたったと思われる。武蔵岩付太田氏資《うじすけ》への小指南を務めていて、同十年の岩付領接収後にはその領域支配の担当取次を務めている。早くから氏政の側近家臣として活躍していた存在であった。

垪和康忠が史料で確認できるようになるのは遅く、永禄十二年の越相同盟において、氏政の側近家臣としてその交渉担当者としてみえるようになっている。その役割からすれば、かなりの有力側近となっていたことは間違いない。すでに弘治三年に嫡子刑部丞が誕生していることからすると、氏政よりも数歳年長であったことは確実のようで、基本的には同世代のものとみなされよう。実名はこれまでの人々と同じように、氏康から偏諱をうけたものと思われる。垪和名字を称しているので、垪和氏続の同族であったことは間違いないであろうが、具体的な関係は不明である。世代からみると、氏続とは同世代であったかもしれない。

彼らはいずれも氏政と同世代で、氏政が当主になってから活躍をみせるようになっており、氏政の側近家臣であった。いわば氏政取り立て家臣の代表的な存在である。氏政の単独政権になったことにともなって、いずれもが家老に取り立てられたということになろう。氏康の時に新たな家老として取り立てられたものに、太田越前守家・垪和家（伊予《いよ》守家）・狩野泰光がいたが、狩野泰光は家老から引退し、それまで家老であった狩野介・太田豊後守家も家老からは後退したという状況であったから、人数としての増減はなかったことになる。

その役割をみても、依田康信は評定衆を務めて基本的には小田原に在所し、笠原康明・垪和康忠は軍役を務める御馬廻衆に属して、武蔵岩付城やのちには上野廏橋城の在番を務めるというように、比較的軍事的な役割をも担っている。このようなところはそれぞれ、狩野泰光・狩野介・太田豊後守家のあとをうけるようなかたちになっていることからすると、彼らの家老への登用は、いわば欠員の補充といっていい性格にあったといえる。

家老の性格変化の兆し

ちなみに氏政の単独政権になってから、まだ明確に家老であったと判断することはできないものの、山角康定・石巻康保・笠原康明・垪和康忠らと同様の存在となって、氏政への取次行為を多く務めたり、拠点城郭に在番したり、国衆への小指南を務める存在が幾人かみられるようになってくる。そのなかの一部は、その後において明確に家老として確認されるものもみられた。

そうしたものたちとして、石巻康保の弟でのちにその家督を継ぐ石巻康敬、山角康定の弟の山角定勝、江雪斎融成（のち板部岡越中守融成）などがあげられる。しかし彼らの役割は、それまでの家老の多くのように支城に配属され寄親を務める存在ではなく、あくまでも御馬廻衆の一員として、当主への取次行為や当主の指示をうけての行政行為にあたることを主要な任務とした。

そのうちの石巻康敬は、天文三年（一五三四）生まれで、永禄二年（一五五九）の「役帳」からみられ、その時の所領は八十貫文であった。同十年から虎朱印状の奉者としての活動が確認されている。山角定勝は、享禄二年（一五二九）生まれで、同じく「役帳」からみられ、その時の所領は八十一貫文余であった。永禄四年から虎朱印状の奉者としての活動が確認されている。

江雪斎融成は、天文五年生まれで、伊勢宗瑞《そうずい》の伊豆以来の家臣であった田中越中守泰行《やすゆき》（文明《ぶんめい》十二年〈一四八〇〉生まれと伝えられる）の子であったという。田中家は「役帳」の時点では断絶していて、そのため融成は当初、伊豆下田の真言宗の僧侶《そうりょ》となっていたという。そして能書であったために直臣に取り立てられたようである（「北条五代記」）。永禄十一年から虎朱印状の奉者としての活動が確認されている。のちには武蔵岩付城にも在番するなどの動向もみせている。天正十二年（一五八四）を最後に重臣であった板部岡康雄《やすかつ》（石巻家貞の長男、彦太郎・右衛門尉・能登守）がみえなくなると、その名跡を継承して板部岡名字を称するようになるが、それまでは長きにわたって江雪斎融成の名で活動していた。

このような状況からみると、氏政の単独政権になってからは、家老の役割は、氏康の時のような領域支配や軍事行動に比重を置いていたものから、評定衆としてや当主への取次行為に比重を置いたものへと、性格が次第に移行していったように思われる。それだけ当主による行政実務が膨大なものとなり、その処理にあたる実務的な家老が必要とされた結果であった、と考えることができよう。

このような状況は、その後における北条家の領国拡大の進展にともなうものであったろう。天正期（一五七三〜）がすすんでいくにつれて、軍事・外交を担う御一家衆と家老は、領国の外縁部の拡大にともなって、次第にそのような地域に赴任することになっていく。後方の領域支配や当主との取次が、氏政の側近くにいたそれら家老たちによって担われる状況がみられていき、それが、家老の主たる役割における変化を生み出していったものと思われる。

もちろん家老は、これまで取り上げてきたものたちだけであったかどうかは定かではないが、これまでにあげた人々は、確実に家老であったとみてよい。その数は十九人ないし二十人を数える。天正十三年の段階では、家老は二十人存在していたことがわかっているから（『家忠日記』）、ちょうどその数値に合致する。彼らが、天正期以降における北条家の家老たちであったとみることに、基本的には異議はないと思われる。

そうすると、氏政の単独政権以降にみうけられるようになる家老の性格変化は、まさに北条家の領国拡大にともなって生じていった、状況変化の産物としてとらえることができる。氏康が家督を継いだ当初、家老は基本的には軍事的役割を中心にして構成されていた状態にあった。それらの家老は、寄親を務める一方で、奉行などの行政実務を担っていた。それが氏康の当主段階では、軍事的役割を務めることのない、裁判担当の評定衆が家老の役割として加えられるという変化がみられるようになった。そして、氏政の単独政権になってからは、明らかに行政担当の家老の比重が高まるようになったとみることができる。

すなわち、家老のなかにおける、軍事と行政との役割分担の発生ともいうべき事態といえるであろう。この後の大名権力において、とくに豊臣大名や江戸大名において、その現象はさらに顕著なものとなっていくことになる。北条家における氏康の時代から氏政の時代への変化は、まさにそうした現象の出発点として認識できるものといえよう。領国範囲の拡大、それとともにみられた行政実務の増加と拡大が、大名権力において、当主を支える執行部としての家老の在り方に、大きな変化をもたらすようになったとみなすことができるであろう。

付論　北条氏邦と越相同盟

小田原北条《おだわらほうじょう》氏は、永禄《えいろく》十一年（一五六八）十二月から、甲斐《かい》武田信玄《たけだしんげん》の駿河《するが》への侵攻にともなう甲相駿三国同盟の崩壊にあたって、駿河今川氏真《いまがわうじざね》に同調して、それまで長く敵対関係にあった越後上杉輝虎《えちごうえすぎてるとら》（謙信《けんしん》）との同盟締結に乗り出し、外交路線を大転換させた。上杉氏との同盟は、翌同十二年六月から七月にかけて、北条氏・上杉氏双方で血判起請文《きしょうもん》の交換が行われたことで一応の成立をみて、元亀《げんき》元年（一五七〇）三月に、北条氏当主氏政《うじまさ》の弟三郎（景虎《かげとら》）が上杉輝虎に養子入りしたことによって、正式発効となった。そしてこの同盟は、北条氏の隠居氏康《うじやす》（氏政らの父）が死去した同二年十月の直後頃まで続いたが、十一月初旬には、北条氏政は武田信玄との再同盟締結をすすめ、その結果、同年十二月に、北条氏・上杉氏双方において「手切れの一札」という宣戦布告状を交換して、決裂にいたることになる。

この北条氏と上杉氏の同盟は、それぞれの本国名（北条氏〈相模《さがみ》〉・上杉氏〈越後〉）をとって越相同盟と称されているが、和睦《わぼく》交渉開始から同盟決裂まで、ほぼ三年という短期間のものであった。しかしこの同盟は、それまで決定的に対立していた両者が、一転して和睦・同盟関係に転じたことで、関東の情勢に多大な影響を及ぼすものであった。そしてこの同盟の成立から展開において、上杉氏との交渉に深く関わったのが、武蔵《むさし》花園《はなぞの》城主として武蔵北西部支配を管轄していた北条氏邦《うじくに》（当時は藤田《ふじた》氏邦）であった。また同時に氏邦は、その領国（「藤田領」「秩父《ちちぶ》郡」から成っていた）の地理的位置から、隣接する西上野《こうずけ》を領国としていた武田氏に対して、軍事的最前線に位置することになり、武田氏との間で激しい攻防を展開していくことになる。以下ではこの二つの問題について取り上げることにしたい。

なお、記述に際しては、できるだけ典拠史料を示したが、収録刊本での年次比定とは異なる場合があることをお断りしておく。

一、上杉氏との交渉における氏邦

永禄十一年（一五六八）十二月六日、武田信玄は駿河侵攻のため本拠甲府《こうふ》を出陣した。これに対して北条氏は、駿河今川氏を支援し、武田氏と対戦することを決定し、十二日に当主氏政が駿河に向けて本拠小田原を出陣した（「上杉文書」『新編埼玉県史資料編6』五二六号。以下、埼～と略記）。さらに北条氏は、武田氏との対戦にあたって、上杉輝虎との和睦、同盟締結を図るが、これについては小田原城に残った隠居氏康があたった。そして氏康は氏邦に、北条氏に従属していた上野金山《かなやま》城主の由良成繁《ゆらなりしげ》を通じて、上杉方に和睦申し入れを指示した（「歴代古案」『戦国遺文後北条氏編』一一三四号。以下、戦北〜と略記）。

氏康・氏政が、氏邦と由良氏に上杉方への和睦打診を指示したのは、氏政の出陣以前のことであったとみられる。由良成繁は、氏康父子の要請をうけて、上杉方に働きかけたらしいが、それを妨害する存在（おそらく上杉方で由良氏を好《よ》く思っていない人物であろう）もあって、一度は無視されたらしい。しかし氏康父子から再度指示が出されたため、氏邦は成繁にあらためて上杉方への接触を要請した。成繁は、今度は上杉方の最前線に位置していた上野沼田《ぬまた》城の在城衆（松本景繁《まつもとかげしげ》・河田重親《かわだしげちか》・上野《うえの》家成《いえなり》）に接触を図り、書状を送ることに成功した（「御書集」埼五三三）。氏康・氏邦の書状は、氏康の側近遠山康英《とおやまやすひで》によって沼田城にもたらされたとみられるが、康英の沼田行きが決定されたのは十二月十七日であったから（「早稲田大学図書館所蔵文書」戦北一三五六）、成繁が沼田在城衆との接触に成功したのは、その直後のことと思われる。そうして氏康父子の要望は、沼田在城衆から上杉輝虎に連絡された。

この由良氏を通しての交渉ルートは「由良手筋」と称されている（「上杉文書」戦北一二八七）。以後において、北条氏と上杉氏の外交交渉は、この「由良手筋」を通じて行われ、北条氏から由良氏への連絡役は氏邦が務めていくことになる。これは氏邦が、由良氏への「指南」を務めており、由良氏への連絡を氏邦が担当していたことによる。「指南」とは、北条氏に従属する「他国衆」に対する取次を指す。由良氏は、北条氏の家臣ではなく、あくまでも独立的な領国支配や家中支配を行っている存在で、そうした存在を「国衆《くにしゅう》」といい、北条氏はそれを「他国衆」と呼んでいた。由良氏に対する連絡は、氏邦のみが担う関係にあったため、この上杉氏との外交交渉においても、由良氏への連絡は氏邦が担当したのである。

ちなみに由良氏を通じての交渉が始まった直後頃にあたる十二月十九日に、氏政の弟で、氏邦には兄にあたる、武蔵滝山《たきやま》城主の北条氏照《うじてる》も上杉氏への外交接触を図っている（「春日俊雄氏所蔵文書」戦北一一二七）。こちらは氏康父子の指示をうけてのものではなく、氏照独自の判断によるもので、元上杉氏の重臣で北条氏に従属していた上野厩橋《まやばし》城主の毛利北条高広《もうりきたじょうたかひろ》を通じて行われた。これは氏照が毛利北条氏への指南を務めていた関係によっていた。氏照が氏邦とは別ルートでの上杉氏への接触を図ったのは、当初、由良手筋が上手《うま》く機能しなかったため、別の交渉ルートの開拓が必要と考えたためであろう。氏照の書状は上杉方に届けられたものの、上杉方からは、すでに氏邦・由良氏を通じての和睦申し入れがあったこと、そちらは氏康父子の指示によることが明示されていたため、氏照からの申し入れは無視されたが、やがて氏康の取り成しによって、氏邦とともに由良手筋による交渉に加わることになる（「歴代古案」戦北一一六七）。

氏邦の役割の一つは、由良氏や上杉方への連絡にあたって、氏康父子の書状に副状を付けることであった。永禄十二年二月六日、氏康父子は上杉輝虎宛の起請文を作成し、使僧天用院《てんよういん》を派遣したが、その際に、氏照・氏邦連判の副状が作成されている（「歴代古案」戦北一一六七）。元亀二年二月には、氏康から上杉方に送られた書状に、氏邦の副状が付けられていることが確認される（「上杉文書」埼六二一七）。明確に確認できる事例は少ないが、基本的にはすべての場合で副状が付けられたと考えられる。

ところで永禄十二年六月、輝虎から氏康父子宛の血判起請文がもたらされると、北条氏側も輝虎宛の血判起請文を作成したが、確認できるのは、氏康父子と氏照、そして康成《やすしげ》（氏康の娘婿）であり（「伊佐早謙採集文書」「御書集」戦北一二五六・五八）、氏邦については作成が確認されない（「伊佐早謙採集文書」戦北一二六二）。この起請文交換は、同盟成立を示す重要な行為であったことからすると、そこに氏邦が加われなかったとすれば、氏邦は外交儀礼的にそれに相応《ふさわ》しい立場にはなかったことを意味している可能性がある。この頃における氏邦の政治的地位は、兄弟のなかでも年少の氏忠《うじただ》よりも下位に位置したという、かなり低いものであったから（「岩本院文書」戦北四九一二）、そうしたことが関係していたのかもしれない。

しかし実際の外交交渉のなかで、中心的役割を果たしていたのは、間違いなく氏邦であったといえる。永禄十二年六月末に、上杉方からの使者として進藤家清《しんどういえきよ》と広泰寺《こうたいじ》昌派が小田原に来たが、それを取り仕切ったのは氏邦であり、氏照は関わっていなかった（「上杉文書」戦北一二八七）。また同年十一月二十日に輝虎が上野沼田城に着陣した際、氏邦は由良成繁とともにそのことを氏康父子に連絡している（「歴代古案」戦北一三四四）。次いで同月二十九日に、氏邦は輝虎の側近山吉豊守《やまよしとよもり》に対して、すぐに輝虎のもとに参陣する覚悟であることを伝えている（「謙信公御書」戦北一三四八）。輝虎が関東に出陣した場合、氏邦と氏康側近の遠山康光《やすみつ》（康英の父）が輝虎のもとに参陣することがあらかじめ取り決められていたらしい（「謙信公御書」戦北四〇〇三）。しかし氏邦については、武田信玄の駿河侵攻のため延期されることとなった。さらに同日、輝虎家臣の進藤家清と須田《すだ》弥兵衛尉《やひょうえのじょう》が、氏邦の本拠鉢形《はちがた》城に到着し、山吉豊守の条書を渡されている。氏邦は翌晦日《みそか》に、両者を小田原まで同道している（「歴代古案」戦北一三四九）。氏邦は、上杉方の使者を小田原に送り届ける役目を負っていたことがわかる。

氏邦が小田原に滞在している間の十二月十九日に、輝虎の家臣篠窪治部《しのくぼじぶ》からの書状が、鉢形城で留守を務めていた氏邦の重臣三山綱定《さんやまつなさだ》のもとに届けられ、来たる二十四日に武田領国の西上野に侵攻するので、氏照・氏邦は同陣するように、という輝虎の意向が伝えられてきた（「上杉文書」戦北一三六二）。そのため三山の差配によるとみられるが、二十日に鉢形城から飛脚が送られ、翌二十一日に小田原の氏邦のもとに到着している。これは輝虎の書状の控えや山吉豊守の書状などを届けるためであったらしい。氏邦はそれに対する氏康の意向を得るとすぐに、それらの書状を飛脚で遠山康光のもとに送っている。康光が小田原に居なかったためであったが、おそらく康光は輝虎のもとに参陣していたのであろう。

　またそこでは、輝虎のもとに参陣するのは、氏邦だけでは少勢すぎるとして、北条氏の宿老《しゅくろう》で武蔵河越《かわごえ》城代の大道寺《だいどうじ》資親《すけちか》を添える、という氏康の意向を伝えている。輝虎へは遠山康英を使者として派遣することが決められ、氏邦もそれに同道して、二十四日に鉢形城に帰還する予定であることを伝えている（「上松文書」戦北一三六一）。さらに興味深いのは、そこで氏邦は、輝虎との交渉は、使者や飛脚による伝達では不十分であるため、自身が昼夜関係なしに駆け回っている、と述べていることである。氏邦が、越相同盟を機能させるために奔走している様子がわかる。

　氏邦の本拠鉢形城は、双方の使者の会談場所ともなっていた。元亀元年正月、遠山康光と進藤家清が、由良成繁の取り成しによって鉢形城で会談することが決められ、遠山康光は二月三日に小田原を出立し、六日に鉢形城に到着している（「本間美術館所蔵文書」「歴代古案」戦北一三七七〜八）。この時の会談は、氏政の弟三郎を輝虎の養子とする件と、武蔵岩付《いわつき》領・松山《まつやま》領の割譲問題を中心としたものであった。輝虎からは、在陣している下野《しもつけ》佐野《さの》に寄越すように、という要請があったが、それについて氏邦は、進藤家清に対し、まだ出立の準備ができないこと、輝虎が西上野に侵攻した頃に着陣できるであろうと述べ、暗に輝虎の西上野侵攻を催促してもいる（「上杉文書」戦北一三八〇）。

さらに双方で意思疎通が図られなかった場合、双方から氏邦に事情が尋ねられている。例えば元亀元年正月、領土画定方針に関する輝虎の意向と北条方の意向が相違していることについて、遠山康光は経緯を氏邦に尋ねているし（「上杉文書」戦北一三七六）、逆に輝虎も、同年三月、北条方の動向に不審を感じると氏邦に条書を送って問いただしたり（「上杉文書」戦北一三九七）、さらには同二年十一月に、北条氏が同盟解消の動きをみせていることについて、氏邦から弁明があると期待したりしている（「三上廉平氏所蔵文書」埼七〇七）。こうしたところからみると、氏邦は北条方の交渉の最前線にあって、交渉内容の調整に尽力していた様子がうかがわれるであろう。

さて元亀元年二月末、輝虎が下野佐野陣から上野沼田城に帰陣すると、氏邦と遠山康光は、氏康の意向を伝えるため、輝虎のもとに参陣することとされた（「荒木良正氏所蔵文書」戦北一三八六）。この時の参陣は、弟三郎の養子入りにともなうもので、三郎が輝虎のもとに到着するまでの身代わりのためであった（「志賀槙太郎氏所蔵文書」戦北一三八七）。そして上杉方からは、宿老柿崎景家《かきざきかげいえ》の子晴家《はるいえ》がその交換で小田原に送られることになった（「上杉文書」戦北一三八九）。三月十日に、氏邦は氏政から、遠山康光が輝虎のもとに参陣するために小田原を出立したことを伝えられている（「正竜寺文書」戦北一三九二）。康光は十三日に沼田城に到着の予定であった。氏邦は翌十四日到着の予定であったが、十七日に延びることが、由良成繁から上杉方に連絡されている（「御書集」埼五四七）。実際の期日は明確ではないが、ほぼその日にちであったものと思われる。三郎が沼田城に到着したのは四月十日のことで、翌十一日に輝虎への対面を果たした。それをうけて氏邦は帰還したと思われるが、具体的な状況は明確ではない。ただし山吉豊守が由良氏領の上野那波《なわ》郡まで、誰かに同道して赴いてきたというから、おそらくその際に帰還したのではないかと考えられる（「歴代古案」戦北一四〇七）。

三郎の輝虎への養子入りによって、越相同盟は正式に発効することとなり、それをうけて上杉氏による武田領国への侵攻の実現が課題となった。同時にその際には、氏政が輝虎に同陣することの実現が求められた。七月十九日、山吉豊守は氏邦に宛てて同陣に関する条目を作成し、これを届ける使者として大石芳綱《おおいしよしつな》・須田弥兵衛尉が小田原に派遣された。そこには同陣の実現にともなういくつかの項目について申し入れがあり、そのなかに、氏邦と山吉が半途で会談して出陣期日を取り決めることがあげられている（「上杉文書」戦北四四六一）。大石芳綱らは八月十日に小田原に到着したが、取次にあたる遠山康光父子は伊豆に在陣中で、氏邦も鉢形城に在城したままであったため、山吉の書状をすぐに北条方に渡すことができなかった。そして十二日に氏邦が小田原に到着したので、そこでようやく書状を渡している。

そして氏邦は、翌日に山吉豊守へ返書を出している。そこでは氏政からの返答として、輝虎が関東に進軍してさらに碓氷《うすい》峠を越えたならば、ただちに同陣することを伝えている（「上杉文書」戦北一四三七）。その後すぐに、氏邦は鉢形城に帰還したとみられる。しかし北条方の結論は、氏康の体調が優れないため同陣はできないこと、在陣中の人質（証人）も出せないということとなり、九月二十日に大石芳綱らは小田原を出立し、輝虎のもとに戻った。その返答をうけた輝虎は二十七日、厩橋城に在城していた家臣の後《ご》藤《とう》勝元《かつもと》に対し、鉢形城に在城している氏邦に連絡する内容を指示している。後藤が再度小田原への使者として赴くことについて氏邦の考えをきくように、というものであった（「古文書鑑」『埼玉県史料叢書12』三七〇号。以下、埼史〜と略記）。ここにも氏邦が、両者の具体的な交渉の過程で、現場判断を求められていた状況を知ることができる。

このように氏邦は、自ら昼夜を問わず奔走したと述懐するほど、同盟の内実を機能させようと尽力していたのであった。にもかかわらず、越相同盟は北条氏にとっては有効に機能しなかった。その結果、同年十月三日の氏康死去をうけて、十一月には氏政は武田信玄との再同盟に動き、十二月には輝虎との同盟は解消した。そして氏邦は、十二月二十七日に氏政から、由良成繁に対して、逆に上杉方への戦略について指示することを命じられている（「由良文書」戦北一五七二）。そうして氏邦は、再び上杉方への最前線に位置するとともに、それを攻略する役割を負っていくことになる。しかしここで氏邦が、外交交渉を実質的に担ったことは、その後の氏邦の地位を高める前提になったとみられる。氏邦は、再び上杉方との抗争を展開するなかで、上杉氏の歴代官途であった安房守《あわのかみ》を与えられ、明確に上野経略の担当者として位置付けられていくが、それはこの同盟交渉を実質的に担ったという力量を評価されたことによるものと思われる。

二、武田氏との抗争

氏邦は一方で、その領国が武田方の西上野に隣接していたため、越相同盟の期間は、武田方に対する軍事的最前線にあって、それとの抗争を展開することになった。永禄十二年十二月に、武田氏が駿河に侵攻すると、北条氏はそれへの対抗のためすぐに駿河に進軍するが、氏邦にも駿河への出陣が命じられ、十二月二十三日に駿河に向けて出陣している（「上杉文書」埼五二六）。氏邦の駿河在陣は、三月十四日まで確認されるものの（「小田原城天守閣所蔵文書」戦北一一八一）、帰陣の時期は明確ではない。ただ四月二十四日まで武田信玄が駿河に在陣しているから（「智公御世紀」『戦国遺文武田氏編』一四〇〇号。以下、戦武～と略記）、それまでは氏邦も駿河に在陣していたのではないかと思われる。領国への帰還はその後のことであったと思われる。

駿河への出陣時まで、氏邦の本拠は花園城であったと考えられる。前年十月二十三日付で、氏邦が児玉《こだま》郡阿佐美《あざみ》郷の在村被官井上孫七郎《いのうえまごしちろう》に宛てた朱印状に、「敵」の侵攻に備えて、他領への兵糧留めを行うとともに、本拠周辺に位置する「金尾《かなお》・風夫《ふっぷ》・鉢形・西之入《にしのいり》」を小屋とし、そこに「十五已前《いぜん》六十已後」の村の男子を在城させることを指示している（「井上文書」戦北一一〇二）。ここでの「小屋」というのは、軍事施設としての山小屋を意味していると考えられ、そのなかに鉢形があげられている。しかも筆頭にあげられているわけではないから、いまだ本拠ではなかったととらえられ、そのためこの時点までは、氏邦の本拠は花園城であったと考えられる。

ただしこの文書はいくつかの点で検討しておくべき部分がある。ここで「十五已前六十已後」とあるのは、防衛のために小屋への在城を命じられているのであるから、正しくは「十五已後六十已前」でなければならない。それらが村の武力を構成する年齢であったからである。また永禄十一年十月の時点で、本拠周辺の防衛態勢をとらなければならないような「敵」の侵攻は想定しにくい。山小屋の位置から考えて、そこでの「敵」は武田氏を想定しているとしか考えられず、そうであるとすると、十月段階では同盟が決裂する以前にあたるから、それへの警戒は想定しづらい。武田氏への防衛態勢であったとすれば、「十月」ではなく「十二月」が相応しい。もし正しくは十二月であったとすれば、二十三日という日付は、ちょうど氏邦が駿河に向けて出陣した日にあたるから、本拠を留守にするのにともなって、そうした防衛態勢を敷いたとみれば、内容的にも辻褄《つじつま》があう。

それはともかくとして、駿河在陣中の永禄十二年二月二十日に、武田方によって鉢形城が攻撃されていることが確認される（「武州文書」戦北一一三〇七）。これが氏邦時代における鉢形城に関する初見の事例となる。続いて同月二十四日付で氏康が他国衆の深谷上杉憲盛《のりもり》に宛てた書状には、武田方の信濃《しなの》衆が、武蔵児玉郡に侵攻し、それを鉢形城の在城衆が迎撃したことがみえており（「鈴木敬基氏所蔵文書」戦北一一五七）、鉢形衆という、同城に配備された軍団の存在が確認される。これらにより、遅くてもこの二月には、氏邦の本拠が鉢形城に移転されたことがわかる。ただしこの本拠の移転が、氏邦の留守中のことであったのか、それとも駿河への出陣直前に遂げられていたのかまでは確定できないが、それが武田氏との対戦に備えてのものであったことは間違いないであろう。荒川北岸に位置する花園城より、同南岸に位置する鉢形城のほうが、武田氏からの攻撃を防衛しやすいという判断によるものであったと推測される。

いずれにしろ氏邦の領国は、武田氏との対戦が始まるとすぐに、その攻撃をうけていることが知られ、氏邦にとって武田氏との抗争は、領国の防衛を意味するものとなった。ただ氏邦方も、攻撃をうけただけでなく、西上野に進軍するという反撃を展開している。六月二十九日付で氏康が氏邦に送った書状には、「去る春」に氏邦の軍勢が西上野に進軍したことがみえている（「新田文庫文書」戦北一四二八）。ただし「去る春」とすれば、氏邦は駿河在陣中のことになり、その軍勢は鉢形城の留守衆によるものと考えられる。続いて六月十日には、武蔵児玉郡・賀美《かみ》郡を領国とする国衆で、北条氏に従属する武蔵御嶽《みたけ》城主の平沢政実《ひらさわまさざね》が、西上野の多胡《たこ》郡に侵攻しており（「仁叟寺文書」埼史三六〇）、七月一日までに、武田氏に従属していた西上野の国衆の小幡信尚《おばたのぶなお》と長根《ながね》小幡孫十郎《まごじゅうろう》を、北条氏に従属させている（「安保文書」戦北一二七二）。そして氏康は、その平沢政実に対して、人質（証人）として老母を鉢形城に寄越すこと、御嶽城に氏邦の軍勢を在城させることを求めている。御嶽城こそ、武田方への最前線に位置する拠点であったから、北条方としての立場を強固なものとするためであったとみられる。

逆に七月十一日には、武田方から秩父郡三山《さんやま》谷への侵攻をうけている（「出浦文書」戦北一二八三など）。鉢形衆が迎撃にあたったが、これは西上野侵攻への報復をうけたかたちになろう。ちなみに氏邦は、こうした西上野侵攻にともなって、氏政から烏川《からす》以南の地域、具体的には安中《あんなか》領や国峰《くにみね》領などを領国として与えることを約束されている（「集古文書」戦北一三〇四）。これはそれらを経略したうえでのことになるが、氏邦が西上野に領国を拡大していくことが認められていたことがわかる。これは、氏邦がその後に北条氏の領国拡大のなかで担うべき役割を、規定していくものとなったといえるであろう。

八月一日、氏邦家臣とみられる斎藤元盛《さいとうもともり》は、氏照配下とみられる「長越」（長尾《ながお》越後守か）に対して、近く武田方が鉢形城を攻撃してくるため、氏照の滝山衆が帰陣するとの連絡をうけたことを伝えている（「集古文書」戦北一二九二）。武田氏による鉢形城攻撃を警戒している様子がうかがわれるが、実際に武田信玄の侵攻がみられたのは、九月のことであった。同月九日、西上野から進軍してきた武田軍は、まず御嶽城を攻撃し、続いて十日に鉢形城を攻撃してきた。この時は外曲輪《そとぐるわ》で攻防戦が展開されているから（「上杉文書」戦北一三二二）、城下への進軍を許したことになる。ただし武田軍は攻略を目的としていたわけではなかったため、すぐに離れて氏照の滝山城を攻め、続けて相模に進軍し、北条氏の本拠小田原城を攻撃した。それに対して氏邦は、武田軍追撃のため鉢形城を出陣し、同じく滝山城を出陣した氏照と合流して、相模三増山《みませやま》で甲斐に戻ろうとする武田軍を待ち構えた。十月六日早朝、小田原を出陣した氏政の軍勢を待たずに武田軍と合戦となり、敗北して武田軍の甲斐への帰国を許してしまっている（「上杉文書」戦北一三三五など）。

その後しばらくは武田方からの攻撃はなかったが、翌元亀元年五月になると武田軍の侵攻が警戒されるようになっており、同月五日、氏邦は男衾《おぶすま》郡木部《きべ》村の土豪高柳《どごうたかやなぎ》氏に対して、屋敷を防衛施設に取り立てた功績について、諸役免除で応じている(「木部文書」戦北一四一七)。そうして六月五日には、武田軍による侵攻が展開され、御嶽城が攻撃された。城主平沢政実は武田氏に従属してしまい、これによって御嶽領が武田方に帰属することになった(「太田文書」埼五七四)。平沢政実は、領国を安堵《あんど》されるとともに、武田氏から長井《ながい》名字と受領《ずりょう》名豊後《ぶんご》守を与えられ、以後は長井豊後守政実を称した(「大光普照寺文書」埼六五九)。これに対して氏邦は、具体的な反撃などは行えなかったらしい。

続けて九月二十六日、武田信玄の進軍があって藤田領・深谷《ふかや》領が攻撃をうけ、翌日には秩父郡への進軍が予定されている(「野呂徳男氏所蔵文書」埼史三九一)。この時の武田軍の攻撃によって、藤田領・秩父郡・深谷領の耕作物は薙《な》ぎ捨てにされたというから(「甲斐国志」埼史三九三)、甚大な損害をうけたことがうかがわれる。その後、武田軍は上野に進軍したが、十月十九日から二十六日にかけて再び秩父郡に進軍してきており、ここでも「人民断絶」と評されるほどの損害を与えられている(「武田神社文書」埼六〇一)。具体的には先と同じく、耕作物の苅《か》り取りなどが行われたと考えられる。

翌元亀二年には、まず二月二十七日に秩父郡石間《いさま》谷に対して武田軍の侵攻が行われている。それに対して秩父郡上吉田村の土豪の高岸《たかぎし》氏や在村被官の山口《やまぐち》氏などが迎撃にあたったようで、彼らが挙げた戦功について、氏邦は諸役を免除したり、西上野山中村で知行《ちぎょう》を与えたりしている（「高岸文書」「山口文書」戦北一四七〇〜一）。続いて七月末になると、再び武田軍の侵攻が警戒されたらしく、氏邦は同月二十七日に、秩父郡上吉田村に対して、その近辺に位置する秩父郡日尾《ひお》城からの野伏《のぶし》召集に応じるよう、要請を出している（「山口文書」戦北一四九六）。野伏というのは、領主が村に軍事動員をかけた際に、それに応じて出陣する村人や、村が自前の防衛のために雇用していた武力をいった。

実際に武田軍の侵攻は、九月十五日に榛沢《はんさわ》郡に対して行われ、鉢形衆が迎撃にあたっている（「吉田文書」戦北一五一〇など）。さらに二十三日には、武田軍は秩父郡に侵攻したようで、それに対して氏邦は、ここでも同郡上吉田村に、「郷人」と称された村の男子や野伏を召集して迎撃にあたるよう指示している（「高岸文書」戦北三九九六）。この頃になると氏邦は、武田軍への迎撃にあたり、家臣化していない領内村々の武力を動員して、その協力のもとで武田軍の侵攻の阻止を図るようになっていることがうかがわれる。武田氏は十月一日に、秩父郡阿熊《あぐま》に禁制を出しているので（「武州文書」戦武一七四二）、武田軍の同郡への在陣はその頃まで行われていたことがうかがわれる。

その後、十一月に入ってからは、先にも触れているように、北条氏は武田氏との再同盟に動いていく。そのため武田氏の軍事行動は、東上野の上杉方に向けられていった。そうした情勢の展開がみられていたなかでの十二月三日、氏邦は秩父郡上吉田村の土豪の高岸氏をはじめ、同郡の土豪の栗原《くりはら》氏や新井《あらい》氏に対し、今回の武田軍の侵攻、これは九月のことを指しているとみられるが、野伏などを召集して迎撃にあたったことや、敵討ち取りの戦功をあげたことについて、それらを賞する感状《かんじょう》を与えている（「高岸文書」「山口文書」「武州文書」戦北一五六三～五）。これらはいわば、武田氏との対戦が終息をみたうえで、あらためてそこにおける戦功を賞するものであったといえるであろう。

こうして武田氏からの侵攻に対する領国の防衛戦争は、一応の終結をみることになった。しかしその過程では、本拠を花園城から鉢形城に移転するという、極めて重大な変化がみられていた。しかもその防衛戦争においては、在村被官にとどまらず、家臣化していない土豪を通じて、村の男子や野伏といった村の武力を動員して、武田氏への迎撃にあたらせている。これは領内の村々にとっても、武田軍の侵攻を阻止する必要があったことによるが、このことから氏邦にとって、武田氏に対する防衛戦争は、こうした領国内の村々の協力を得ることによってはじめてそれを行いえた、ということができる。

（初出　鉢形城歴史館開館10周年記念特別展図録『関東三国志　越相同盟と北条氏邦』鉢形城歴史館、二〇一四年）

あとがき

本書では、北条氏康《ほうじょううじやす》が、戦国大名・小田原《おだわら》北条家の三代目当主になってから、四代目当主を嫡子の氏政《うじまさ》に譲ったことを経て、その死去後までの、およそ三十年少しを対象に、氏康・氏政を支えた一門・家老に焦点をあてて、北条家の政治・軍事動向における、大名家執行部にみられた人員構成とその変遷の状況を述べてきたものである。言い換えれば、この時期の北条家の政治動向を、一門・家老の動向を中心にして述べたもの、ということになろう。

私が小田原北条家についての研究に取り組んでから、いつの間にか三十年が経った。その頃は、歴代当主について、当時の史料に基づいた政治動向の復元が、ようやく取り組まれるようになった状況であった。

ましてや一門・家老の動向については、いまだ江戸時代成立の系図や軍記物の内容を多く参照していたような状況であった。そのため私の研究の主要な部分には、それら一門・家老の動向についても、当時の史料をもとに明らかにしていく、ということが含まれていた。

本書の内容には、そこでの研究成果、さらにはこの間に進展した関連する研究成果がふんだんに反映されている。むしろそれらの研究成果がなければ、本書のような内容のものをなすことはできなかった、といったほうが正確かもしれない。ただし本書の内容は、基本的には一般向けの新書であるため、具体的な考証過程についてはほとんど省略してある。それら考証過程を確認されたい方には、巻末に掲げた参考文献を参照していただきたい。

この三十年を振り返ってみると、当初は不明であったことが、新たな関係史料の出現や、丹念な検討の結果によって、飛躍的に解明されてきた状況を痛感することができる。しかしそれでも、基本的な事項について、明らかになっていないことがまだ幾つも残っていることも事実である。それらについても今後、新たな関連史料の出現によって、解明がすすんでいくに違いない。その意味で本書は、現時点で解明されていることをもとにした内容となっているが、三十年前の研究状況と比べてみれば、隔世の感があるといえるであろう。

また本書の特徴はそれだけにとどまらない。北条家に関してだけでなく、戦国大名研究全体を見渡してみても、本書のように、三十年以上の期間にわたって、大名家の政治動向とそこにおける一門・家老の動向について、丹念にトレースした内容のものは、他にはまだみられていないといっていいであろう。それが可能であったのは、やはり北条家についての研究が、戦国大名研究のなかで質量ともに卓越して充実しているという、史料残存と研究成果の豊富さにある。

また三十年という期間は、北条家にとっても、戦国大名として存在していたなかの三分の一に相当している。当然ながら、その期間にも戦国大名としての性格にも変化がみられ、それは組織の在り方にも反映されるものであった。一門・家老への注目は、まさにその側面を明らかにするものとなる。今後、他の戦国大名家についても同様の解明がすすんでいけば、相互の特徴の比較や、戦国大名家としての展開に応じた共通する変化などが見出《みいだ》されていくことになると思われる。

本書において、氏康の時代における一門・家老の動向を追跡した結果としては、北条家における家老の在り方は、基本的にはすでに前代の氏綱の段階で確立されていたことが認識される。そのため氏康・氏政の時期の特徴は、氏康による領国支配の整備に対応した、行政組織の編成と、氏政兄弟衆の台頭による一門の役割の伸張にあったことが、あらためて認識されるものとなる。

そうなると北条家の家臣団構成の基本は、二代氏綱の段階で構築されたものということになるので、その具体像の解明に興味が湧いてくる。また氏康以降になると、家老とはいかないまでも、特定の役割を担う側近的な家臣の存在も目立ってくることになり、その役割分担の在り方やその変遷など具体的な解明にも興味が湧いてくる。

研究成果が豊富であるとはいっても、北条家の研究には、まだまだ追究すべき課題が残されているのである。私自身としても、今後それらの課題に取り組んでみたいと思う。

二〇一八年十一月

黒田基樹

文庫版あとがき

本書は、二〇一八年に洋泉社歴史新書yから刊行した『北条氏康の家臣団』を、改題のうえ再刊したものである。再刊にあたっては、誤字・誤植や多少の文章表現を正した。基本的な内容については変更を加えていないが、有力家老の遠山《とおやま》家の系譜関係については、必要と思われた内容を大幅に追記したところがある。また挿入の系図や地図について、記載内容を追加したり、表記について統一するなど、本文との整合性を高めた。参考文献の書誌情報についても、最新のものを反映させた。そのうえでさらに、文庫版のための増補として、本書の内容にも関わる、氏康《うじやす》時代の一門を取り扱った小文一編を収録した。このようなことなので、元本を持っている読者にも、ぜひこの文庫版についても御購入いただきたく思う。

本書の元本は、刊行してから一年ほどした時期には、品切れの状態になった。しかもその後、版元そのものも他社に吸収され消失した。そうしたところ、いつもお世話になっているKADOKAWAの竹内祐子さんのご尽力により、角川ソフィア文庫に加えていただけることになった。私にとって同文庫としては三冊目になる。しかもこれまでの二冊は、本書の「はじめに」で触れている、北条《ほうじょう》氏康の軍事・外交や政治を取り上げたものとして、本書とあわせて読んで欲しい本としてあげているものである。ここに期せずして、私が氏康について取り上げた一般書三冊が、しかもいずれも版元では品切れ、重版予定無し、であったものが、同じ角川ソフィア文庫で揃うものとなった。

今年二〇二一年は、北条氏康没後四五〇年にあたる。これを機に、北条氏康についての関心が高められ、一人でも多くの方に本書をお読みいただけることを願う。そしてまだ他の二冊をお読みでない場合には、本書とあわせて、是非ともお読みいただければと思う。本書でも記したように、氏康に関する研究はかなり進んでいる部類にあるが、それでもまだまだ追究すべき課題は残されている。あらためて、引き続いてそれらの解明に取り組んでいき、その成果を発信していきたいと思う。

二〇二一年五月

黒田基樹

主要参考文献

浅倉直美『後北条領国の地域的展開〈戦国史研究叢書2〉』（岩田書院、一九九七年）
同　「越相同盟と鉢形領」（鉢形城歴史館10周年記念特別展『関東三国志』、二〇一四年）
同　「北条氏邦の生年について」（『戦国史研究』七四号、二〇一七年）
同　「天文～永禄期の北条氏規について」（『駒沢史学』九〇号、二〇一八年）
同編『北条氏邦と猪俣邦憲〈論集戦国大名と国衆3〉』（岩田書院、二〇一〇年）
同　『玉縄北条氏〈論集戦国大名と国衆9〉』（岩田書院、二〇一二年）
新井浩文『関東の戦国期領主と流通〈戦国史研究叢書8〉』（岩田書院、二〇一一年）
家永遵嗣「北条早雲研究の最前線」（北条早雲史跡活用研究会編『奔る雲のごとく』北条早雲フォーラム実行委員会、二〇〇〇年）
伊藤恭子「鎌倉代官大道寺氏に関する考察」（『駒沢大学史学論集』二六号、一九九六年）
井上美保子『岡野融成江雪』（幻冬舎ルネッサンス、二〇〇九年）
小和田哲男『小田原評定〈小田原文庫9〉』（名著出版、一九七九年）

黒田基樹『戦国大名北条氏の領国支配〈戦国史研究叢書1〉』（岩田書院、一九九五年）
同　『戦国大名領国の支配構造』（岩田書院、一九九七年）
同　『戦国期東国の大名と国衆』（岩田書院、二〇〇一年）
同　『扇谷上杉氏と太田道灌〈岩田選書・地域の中世1〉』（岩田書院、二〇〇四年）
同　『戦国の房総と北条氏〈岩田選書・地域の中世4〉』（岩田書院、二〇〇八年）
同　『戦国期領域権力と地域社会〈中世史研究叢書15〉』（岩田書院、二〇〇九年）
同　『戦国北条氏五代〈中世武士選書8〉』（戎光祥出版、二〇一二年。『戦国北条五代〈星海社新書149〉』星海社、二〇一九年、として再刊）
同　『古河公方と北条氏〈岩田選書・地域の中世12〉』（岩田書院、二〇一二年）
同　『戦国大名　政策・統治・戦争〈平凡社新書713〉』（平凡社、二〇一四年）
同　『増補改訂　戦国大名と外様国衆〈戎光祥研究叢書4〉』（戎光祥出版、二〇一五年）
同　『関東戦国史　北条VS上杉55年戦争の真実〈角川ソフィア文庫〉』（KADOKAWA、二〇一七年）
同　『戦国大名の危機管理〈角川ソフィア文庫〉』（KADOKAWA、二〇一七年）
同　『北条氏康の妻・瑞渓院〈中世から近世へ〉』（平凡社、二〇一七年）

同『北条氏政〈ミネルヴァ日本評伝選179〉』（ミネルヴァ書房、二〇一八年）
同『戦国北条家一族事典』（戎光祥出版、二〇一八年）
同『図説戦国北条氏と合戦』（戎光祥出版、二〇一八年）
同「下野国衆と小田原北条氏」（栃木県立文書館編『戦国期下野の地域権力』岩田書院、二〇一〇年。拙著『戦国期関東動乱と大名・国衆〈戎光祥研究叢書18〉』戎光祥出版、二〇二〇年、所収）
同「北条氏邦と越相同盟」（鉢形城歴史館10周年記念特別展『関東三国志』、二〇一四年。本書増補）
同「小田原北条家の相模経略」（関幸彦編『相模武士団』吉川弘文館、二〇一七年。拙著『戦国北条五代』所収）
同編『武蔵大石氏〈論集戦国大名と国衆1〉』（岩田書院、二〇一〇年）
同『武蔵成田氏〈論集戦国大名と国衆7〉』（岩田書院、二〇一二年）
同『北条氏年表　宗瑞・氏綱・氏康・氏政・氏直』（高志書院、二〇一三年）
同『岩付太田氏〈論集戦国大名と国衆12〉』（岩田書院、二〇一三年）
同『武蔵上田氏〈論集戦国大名と国衆15〉』（岩田書院、二〇一四年）
同『北条氏綱〈シリーズ・中世関東武士の研究21〉』（戎光祥出版、二〇一六年）
同『北条氏康〈シリーズ・中世関東武士の研究23〉』（戎光祥出版、二〇一八年）

同監修　『別冊太陽　日本のこころ171　戦国大名』（平凡社、二〇一〇年）
黒田基樹・浅倉直美編『北条氏邦と武蔵藤田氏〈論集戦国大名と国衆2〉』（岩田書院、二〇一〇年）
同『北条氏康の子供たち』（宮帯出版社、二〇一五年）
佐藤博信『中世東国足利・北条氏の研究〈中世史研究叢書7〉』（岩田書院、二〇〇六年）
佐脇栄智『後北条氏の基礎研究』（吉川弘文館、一九七六年）
同『後北条氏と領国経営』（吉川弘文館、一九九七年）
清水淳郎「清水氏とその系譜」（清水信雄『回顧の記』私家版、一九九一年）
下山治久『北条早雲と家臣団〈有隣新書57〉』（有隣堂、一九九九年）
同「中郡郡代大藤氏とその文書」（『秦野市史研究』六号、一九八六年）
同「後北条氏の重臣垪和氏の動向」（『綾瀬市史研究』創刊号、一九九四年）
同「北条早雲の臣、山中氏について」（『不冷座』創刊号、一九八六年）
竹井英文「上野国高山城の基礎的研究」（佐藤博信編『中世房総と東国社会〈中世東国論4〉』岩田書院、二〇一二年）
武田庸二郎「『北条幻庵覚書』の成立年代について」（『世田谷区立郷土資料館資料館だより』二七号、一九九七年）

土肥町誌編纂委員会編『北条水軍　土肥の富永一族〈郷土誌叢書14〉』（土肥町教育委員会、一九九八年）
長塚孝「『小田原一手役之書立』考」（『戦国史研究』一七号、一九八九年。拙編『北条氏直〈シリーズ・中世関東武士の研究29〉』戎光祥出版、二〇二〇年、所収）
同「江戸在番衆に関する一考察」（戦国史研究会編『戦国期東国社会論』吉川弘文館、一九九〇年。拙編『北条氏政〈シリーズ・中世関東武士の研究24〉』戎光祥出版、二〇一九年、所収）
同「後北条氏と下総関宿」（中世房総史研究会編『中世房総の権力と社会』高科書店、一九九一年。拙編『北条氏政』所収）
則竹雄一「戦国大名北条氏の着到帳と軍隊編成」（『獨協中学・高等学校研究紀要』二三号、二〇〇九年）
丸島和洋『戦国大名武田氏の権力構造』（思文閣出版、二〇一一年）
同『戦国大名の「外交」〈講談社選書メチエ556〉』（講談社、二〇一三年）
山口博『北条氏康と東国の戦国世界〈小田原ライブラリー13〉』（夢工房、二〇〇四年）
同『戦国大名北条氏文書の研究〈戦国史研究叢書4〉』（岩田書院、二〇〇七年）

山口真史『戦国大名北条氏伊豆郡代清水氏の研究』（碧水社、二〇一二年）
湯山学　『三浦氏・後北条氏の研究〈湯山学中世史論集2〉』（岩田書院、二〇〇九年）

本書は、『北条氏康の家臣団――戦国「関東王国」を支えた一門・家老たち』（洋泉社、二〇一八年）を改題し、「付論　北条氏邦と越相同盟」を加えて文庫化したものです。

戦《せん》国《ごく》関《かん》東《とう》覇《は》権《けん》史《し》

北条氏康《ほうじょううじやす》の家臣団《かしんだん》

黒《くろ》田《だ》基《もと》樹《き》

令和3年 7月25日 初版発行
令和6年 2月5日 再版発行

発行者●山下直久

発行●株式会社KADOKAWA
〒102-8177 東京都千代田区富士見2-13-3
電話 0570-002-301（ナビダイヤル）

角川文庫 22762

印刷所●株式会社KADOKAWA
製本所●株式会社KADOKAWA

表紙画●和田三造

ISBN 978-4-04-400668-6 C0121

◆◇◇

角川文庫発刊に際して

角川源義

第二次世界大戦の敗北は、軍事力の敗北であった以上に、私たちの若い文化力の敗退であった。私たちの文化が戦争に対して如何に無力であり、単なるあだ花に過ぎなかったかを、私たちは身を以て体験し痛感した。西洋近代文化の摂取にとって、明治以後八十年の歳月は決して短かすぎたとは言えない。にもかかわらず、近代文化の伝統を確立し、自由な批判と柔軟な良識に富む文化層として自らを形成することに私たちは失敗して来た。そしてこれは、各層への文化の普及滲透を任務とする出版人の責任でもあった。

一九四五年以来、私たちは再び振出しに戻り、第一歩から踏み出すことを余儀なくされた。これは大きな不幸ではあるが、反面、これまでの混沌・未熟・歪曲の中にあった我が国の文化に秩序と確たる基礎を齎らすためには絶好の機会でもある。角川書店は、このような祖国の文化的危機にあたり、微力をも顧みず再建の礎石たるべき抱負と決意とをもって出発したが、ここに創立以来の念願を果すべく角川文庫を発刊する。これまで刊行されたあらゆる全集叢書文庫類の長所と短所とを検討し、古今東西の不朽の典籍を、良心的編集のもとに、廉価に、そして書架にふさわしい美本として、多くのひとびとに提供しようとする。しかし私たちは徒らに百科全書的な知識のジレッタントを作ることを目的とせず、あくまで祖国の文化に秩序と再建への道を示し、この文庫を角川書店の栄ある事業として、今後永久に継続発展せしめ、学芸と教養との殿堂として大成せんことを期したい。多くの読書子の愛情ある忠言と支持とによって、この希望と抱負とを完遂せしめられんことを願う。

一九四九年五月三日

角川ソフィア文庫ベストセラー

関東戦国史
北条VS上杉55年戦争の真実

黒田基樹

天下取りの舞台は西日本にあったといわれてきたが、戦乱の始まりも終わりも、実際は関東の動きが基準になっていた！　北条氏、山内上杉氏・扇谷上杉氏の関東支配権をかけた争いから戦国史の真相に迫る。

戦国大名の危機管理

黒田基樹

戦国屈指の名君と呼ばれた北条三代・氏康。彼が領民を守るために行った秘策とは？　武田信玄や上杉謙信の小田原進攻、慢性化する飢餓……。はじめて民政を行い、領国経営を成し遂げた戦国大名の真像に迫る。

日本中世に何が起きたか
都市と宗教と「資本主義」

網野善彦

「無縁」論から「資本主義」論へ――対極に考えられてきた、宗教と経済活動との関わりを解明。中世社会の輪郭を鮮明に描くと共に、現代歴史学の課題を提言する、後期網野史学の代表作。解説・呉座勇一。

歴史としての戦後史学
ある歴史家の証言

網野善彦

「一つ一つの仕事、一通一通の文書を大切にするような姿勢だけは崩すまい」――戦後史学の当事者でもあった著者の苦悩と挫折、知られざる学問形成の足跡に肉薄。今後の歴史学に対する危惧を抱きつつも、その新たな展開へ強い願いを込めた自伝的名著。

戦国の軍隊

西股総生

封建制の枠組みを壊すことなく戦国大名が劇的な軍事改革を成し遂げられたのはなぜか。その答えは軍隊の「二重構造」にあった！　作戦と戦術・部隊編成など、軍事の視点から戦国史研究の欠落を埋める意欲作。